✿ 고전인문철학수업 1

1. 과거를 창조함에 대하여 (플라톤, 소크라테스의 변명)
2. 소극적 자유와 적극적 자유에 대하여 (니체, 인간적인 너무나 인간적인)
3. 자유의지에 대하여 (도스토예프스키, 지하생활자의 수기)
4. 자유로운 일과 자유를 주는 일에 대하여 (아우렐리우스, 명상록)
5. 창조의 힘, 개별의지에 대하여 (루소, 인간불평등기원론)
6. 개별의지의 적용에 대하여 (플라톤, 국가 Ⅰ)
7. 선택받는 삶과 선택하는 삶에 대하여 (데카르트, 방법서설)
8. 올바름과 어리석음에 대하여 (플라톤, 국가 Ⅱ)

✿ 고전인문철학수업 2

9. 제3의 탄생에 대하여 (베이컨, 신논리학)
10. 꿈의 구조도에 대하여 (한비, 한비자)
11. 생각의 지도에 대하여 (통합사유철학강의)
12. 숭고한 나눔에 대하여 (칼릴지브란, 예언자)
13. 명예로운 삶에 대하여 (아우렐리우스, 명상록)
14. 우리에게 중요한 것들에 대하여 (생텍쥐페리, 어린 왕자)
15. 삶의 목적에 대하여 (장자, 장자)
16. 참과 진리에 대하여 (니체, 반시대적 고찰)

✿ 고전인문철학수업 3

17. 여유로움과 나태함에 대하여 (키르케고르, 디아프살마타)
18. 성찰과 회복에 대하여 (데카르트, 성찰)
19. 아름다움에 대하여 (칼릴지브란, 예언자)
20. 행동과 열정에 대하여 (서머싯 몸, 달과 6펜스)
21. 겸손과 지혜에 대하여 (한비, 한비자)
22. 인식의 세 단계에 대하여 (니체, 차라투스트라는 이렇게 말했다)
23. 진실과 오해에 대하여 (체호프, 체호프 단편선)
24. 인간의 조건에 대하여 (카프카, 변신)

✿ 고전인문철학수업 4

25. 평등한 세상을 위하여 (루소, 사회계약론)
26. 인간의 본성에 대하여 (알퐁스 도데, 별)
27. 문제와 해결에 대하여 (헤르만 헤세, 데미안)
28. 허영과 충만에 대하여 (파스칼, 팡세)
29. 편견과 본성에 대하여 (마크 트웨인, 왕자와 거지)
30. 자기철학에 대하여 (아우렐리우스, 명상록)
31. 자존과 수용에 대하여 (사르트르, 문학이란 무엇인가)
32. 노력과 만족에 대하여 (이솝, 이솝 우화)

✿ 고전인문철학수업 5

33. 배려와 희생에 대하여 (법구, 법구경)
34. 유익과 선에 대하여 (키케로, 의무론)
35. 존재에 대하여 (사르트르, 구토)
36. 시대정신에 대하여 (헤겔, 역사철학강의)
37. 목적과 자격에 대하여 (아리스토텔레스, 정치학)
38. 인내와 용기에 대하여 (성서, 잠언)
39. 배움의 이유에 대하여 (마키아벨리, 군주론)
40. 성공의 길과 진리의 길에 대하여 (헤르만 헤세, 나비)

✿ 고전인문철학수업 6

41. 이해와 사랑에 대하여 (오헨리, 마지막 잎새)
42. 이해와 득실에 대하여 (냉철한 그리고 분노하는, 철학자들의 생각)
43. 합리적 계책에 대하여 (나관중, 삼국지)
44. 평등과 자격에 대하여 (냉철한 그리고 분노하는, 철학자들의 생각)
45. 시간과 존재에 대하여 (실존을 넘어서)
46. 자유와 평등에 대하여 (홉스, 리바이어던)
47. 관계와 인간에 대하여 (니체, 인간적인 너무나 인간적인 Ⅰ)
48. 나와 [나]에 대하여 (니체, 인간적인 너무나 인간적인 Ⅱ)

✿ 토론의 정석 1
| 고전인문철학수업 7 |

49. 우리 시대 약자는 살기 괜찮은가: 약자에 대한 판결 불공정 문제
50. 우리 시대 교육은 문제없는가: 대학 서열 문제
51. 우리 시대 직업은 그 역할을 다하고 있는가: 직업 서열 문제
52. 우리 시대는 술과 정신병 문제에 대한 대처를 잘하고 있는가: 술, 정신병 문제
53. 우리 시대는 부동산 등 불로소득을 잘 징계하고 있는가: 부동산, 불로소득 문제
54. 우리 시대 종교는 타락하고 있지 않은가: 타락한 종교 문제
55. 우리 시대는 처벌에 대해 평등의 원칙을 잘 준수하는가: 공평한 벌금 문제
56. 우리 시대는 정당방위를 충분히 보장하고 있는가: 정당방위 문제

✿ 토론의 정석 2
| 고전인문철학수업 8 |

57. 우리 시대는 계층 문제를 충분히 고려하고 있는가: 계층 문제
58. 우리 시대의 제사, 결혼, 장례 문화는 적절한가: 제사, 결혼, 장례의 전통 문제
59. 우리 시대는 상속을 왜 허용하면 안 되는가: 상속 문제
60. 우리 시대는 아직 일본과의 관계를 해결하지 못하고 있는가: 일본과의 관계 문제
61. 우리 시대는 남북통일을 잘 추진하고 있는가: 남북한 통일 문제
62. 우리 시대는 한·중·일 3국 연합을 준비하고 있는가: 한·중·일 연합 문제
63. 우리 시대는 개인의 생명과 안전을 스스로 지킬 수 있는가: 총기 소지 문제
64. 우리 시대는 모두의 인권을 존중해야 하는가: 인권과 사형 문제

✿ 논술의 정석 1
| 고전인문철학수업 9 |

65. 인간과 문화에 대하여: 비교와 추론
66. 인간과 환경에 대하여: 추론과 비판
67. 인간과 문학에 대하여: 비교와 평가
68. 인간과 예술에 대하여: 비교와 관점
69. 인간과 리더에 대하여: 분류와 평가
70. 인간과 평등에 대하여: 비교와 비판
71. 인간과 문명에 대하여: 비교와 대안
72. 인간과 운명에 대하여: 활용과 평가

✿ 논술의 정석 2
| 고전인문철학수업 10 |

73. 인간과 평화에 대하여: 비교와 추론
74. 인간과 기계에 대하여: 비교와 설명
75. 인간과 성취에 대하여: 비교와 평가
76. 인간과 정직에 대하여: 차이와 해석
77. 인간과 공정에 대하여: 핵심과 전개
78. 인간과 사회에 대하여: 추론과 근거
79. 인간과 빈곤에 대하여: 옹호와 비판
80. 인간과 존엄에 대하여: 서술과 한계

✿ 논술의 정석 3
| 고전인문철학수업 11 |

81. 인간과 합리에 대하여: 분류와 추론
82. 인간과 실존에 대하여: 적용과 해석
83. 인간과 발전에 대하여: 분석과 견해
84. 인간과 윤리에 대하여: 논점과 비판
85. 인간과 소외에 대하여: 해석과 대안
86. 인간과 대안에 대하여: 분석과 타당
87. 인간과 신뢰에 대하여: 평가와 추론
88. 인간과 정의에 대하여: 분류와 요약

✿ 창작의 정석 1
| 고전인문철학수업 12 |

89. 명예로움에 대하여: 수필
90. 숭고함에 대하여: 수필
91. 자기 세계에 대하여: 수필
92. 방향(芳香)에 대하여: 수필
93. 가난함에 대하여: 논설
94. 강함에 대하여: 논설
95. 오류에 대하여: 논설
96. 기다림에 대하여: 논설

✿ 창작의 정석 2
| 고전인문철학수업 13 |

97. 바라지 않음에 대하여: 우화/동화/시
98. 어리석음에 대하여: 우화/동화/시
99. 우월함에 대하여: 우화/동화/시
100. 무아(無我)에 대하여: 우화/동화/시
101. 감성에 대하여: 소설/극본
102. 의지에 대하여: 소설/극본
103. 거짓에 대하여: 소설/극본
104. 진리에 대하여: 소설/극본

인문철학교육총서

토론의 정석 1

지성과문학사

토론의 정석 1

인문철학교육총서

토론의 정석 1

이 책은 토론을 위한 인문철학 교육서이다. 이 책은 인문철학을 시작하려는 사람에게 상당히 적합한 책이다. 이 책은 인문철학을 깊이 전공하는 전문가에게도 자못 적합한 책이다. 이 책은 모든 학생이 공부할 수 있는 책이다. 이 책은 삶의 목표를 찾고 있는 사람에게 괜찮은 책이다. 이 책은 세상을 이끌려는 리더에게 그런대로 적합한 책이다. 이 책은 학생들을 가르치는 교육자에게 꽤 적합한 책이다. 이 책은 삶을 뒤돌아보는 이들에게 때때로 적합한 책이다. 이 책은 무슨 책을 읽어야 할지 모르는 사람들에게 나쁘지 않은 책이다. 이 책은 자신이 부족해 보일 때 조금 용기를 주는 책이다. 이 책은 누군가 거만한 사람에게 선물하면 좋은 책이다. 이 책은 소중한 사람들과 같이 공부하기에 제법 적합한 책이다. 이 책은 차분히 삶을 디자인하려는 사람에게 조금은 도움이 되는 책이다.

JH

인문철학교육총서

* 차례 *

토론의 정석 1

서론, 아이들에게 해주어야 할 열 가지 이야기 *11*

49. 우리 시대 약자는 살기 괜찮은가: 약자에 대한 판결 불공정 문제 *23*

50. 우리 시대 교육은 문제없는가: 대학 서열 문제 *53*

51. 우리 시대 직업은 그 역할을 다하고 있는가: 직업 서열 문제 *85*

52. 우리 시대는 술과 정신병 문제에 대한 대처를 잘하고 있는가: 술, 정신병 문제 *115*

53. 우리 시대는 부동산 등 불로소득을 잘 징계하고 있는가: 부동산, 불로소득 문제 *145*

54. 우리 시대 종교는 타락하고 있지 않은가: 타락한 종교 문제 *173*

55. 우리 시대는 처벌에 대해 평등의 원칙을 잘 준수하는가: 공평한 벌금 문제 *201*

56. 우리 시대는 정당방위를 충분히 보장하고 있는가: 정당방위 문제 *229*

인문철학교육총서

서론
| 아이들에게 해주어야 할 열 가지 이야기 |

인문철학교육서

아이들에게 해주어야 할 열 가지 이야기

1. 강함 연습

사람을 자기편으로 하려면

약함을 보여서는 안 된다.

그들이 따르는 자는

모두를 지켜 줄 강자이다.

2. 수용 연습

강함과 수용력은 비례한다.

타인을 수용하려면

충분한 공간이 있어야 비로소 가능하다.

자신을 더 키우라.

3. 호감 연습

지나치게 사람의 호감을 사려는

모습이나 행동은

호감을 얻는 대신 신뢰를 잃는다.

4. 가르침 연습

누군가 하얀 머리카락이 보이기 전에

자기 생각을 자신 있게 가르친다면

그것은 대부분 거짓이다.

그때쯤 비로소 행복을 알게 되기 때문이다.

5. 고독 연습

행복을 위한 진리를 찾으려는 자는

사람들과 이야기할 시간이 그렇게 많지 않다.

위대한 정신의 '고독과 침묵'의 이유이다.

행복은 도무지 없는 곳이 없다.

6. 타인 행복 연습

자기는 열심히 말하고 있다고 생각하지만
상대가 듣고 싶은 말을 하지 않으면
그에게는 대부분 소음일 뿐이다.
자기보다는 상대를 행복하게 해주기 쉬우니
서로 그러하면 세상은 행복해질 것이다.
행복의 조건이다.

7. 죽음 연습

지혜로운 자는

뜨거운 일상, 생의 한가운데서

죽음으로 아무것도 잃지 않도록 오늘을 준비한다.

8. 평온함 연습

씨 뿌리는 자의 마음이

평화로운 것은

해야 할 일이 결정되었기 때문이다.

9. 사람을 목적하는 연습

저편 호숫가에서 걷고 있는

인간의 아름다움으로

우리는 사람의 행복을 목적하지 않을 수 없다.

10. 무질서적 다양함 연습

초라하지 않으려면

누군가에게 간파당하지 않아야 한다.

그러려면 자신을 끊임없이 변화시키지 않으면 안 된다.

따분한 책에서 가르치는 일관성의 미덕은

쓰레기통에나 버려라.

태양이 떠오르면
밤사이 생각한 것만큼 그렇게
감출 수 있는 것이 많지 않다.
아무것도 속이지 말라.

49. 우리 시대 약자는 살기 괜찮은가?

약자에 대한 판결 불공정 문제

49. 우리 시대 약자는 살기 괜찮은가?

✿

✿

1. 나에 대하여

문제 나는 어떤 면에서 강자이고 어떤 면에서 약자인가? (400자)

200자

400자

49. 우리 시대 약자는 살기 괜찮은가?

2. 토론

약자에 대한 판결 불공정 문제에 대하여

1. 우리 시대 약자는 살기 괜찮은가

　천신 일행은 동쪽 나라에 도착하여 사람들이 많이 모여 사는 마을이 왼쪽으로 보이는 인적 드문 구부러진 언덕에 짐을 풀었다. 이때, 한 사람이 이제 막 잎이 나기 시작하는 느티나무에 기대어 눈물을 흘리고 있는 모습이 보였다. 천신을 수행하는 판관이 이를 보고 그 사람에게 가까이 다가가 물었다.

　"무슨 일인가? 날씨도 좋은데 그렇게 슬피 울고 있으니."

　"네, 석 달 전에 누군가에게 맞아 크게 다쳤는데, 폭력을 쓴 당사자는 그대로 풀려나고 아무런 벌도 받지 않아 억울해서 이렇게 울고 있습니다. 저는 이렇게 일자리도 잃고 모든 것을 잃었는데 말입니다."

　"그럴 리가 있겠느냐. 네가 무언가 잘못한 일이 있거나 그 사람이 잘못한 일이 없거나 하겠지. 쓸데없이 다른 사람을 모함하는 것은 아니냐?"

　"추호의 거짓도 없습니다. 저도 이와 같은 판결이 어떻게 나왔는지 알고 싶으니 부디 하늘의 판관께서 그 이유를 알려주시기를 간청드립니다."

　"알겠다. 내가 그 판결을 내린 지상의 판사를 한번 조사해 보겠다."

　이런 사정으로 하늘의 판관은 지상의 판사를 느티나무 언덕으로 불렀다.

2. 토론: 약자에 대한 판결 불공정 문제

"자네가 얼마 전에 폭력을 휘두른 사람을 풀어준 판사인가?"

"네 그렇습니다. 그 재판은 법에 따라 적법하게 이루어신 판결입니다. 아무런 문제가 없습니다." 지상의 판사가 말했다.

"그렇지만 사람을 그리 다치게 해놓있는데 형식적 형벌만 주고 그냥 풀어준다는 것은 좀 이상하지 않느냐? 자세히 그 이유를 말해 보거라." 하늘의 판관은 그래도 이해할 수 없다는 듯이 말했다.

"하늘과 달리 지상에서는 사정이 있습니다. 모두 먹고살아야 하기 때문에 어느 정도의 부조리는 그런가 보다 하고 넘어가야 합니다."

"그래? 그 부조리라는 것이 무엇이냐?"

"그 사건을 담당한 피고 측 변호사는 유명한 법률 회사의 명망 있는 변호사입니다. 그가 맡은 사건에서 패소하게 되면 그 법률 회사에서 일하는 직원들 수십 명이 안정되고 풍족한 생활에서 밀려날지 모릅니다. 한 사람을 희생해서 많은 사람의 행복을 제공하는 것이 공리적 차원에서 필요합니다. 법관으로서 그 정도의 철학적 판단을 내리는 것은 그렇게 부조리하지 않다고 생각합니다." 지상의 판사가 말했다.

"언뜻 들으면 네 말도 그럴듯해 보이는구나. 하지만 내가 보기에는 수십 명의 피해보다 폭력을 당한 그 사람의 억울함이 더 커 보이는구나. 또 다른 이유는 없는가?" 판관이 물었다.

"이건 비밀이기는 한데. 사실 더 중요한 이유가 있습니다. 우리 사회는 부를 가진 사람들이 이끌어가고 있습니다. 그런데 그들에게

2. 토론: 약자에 대한 판결 불공정 문제

좋지 않은 일이 생기면 사회 발전에 막대한 지장이 생깁니다. 이를 대비해서 형평성 논란을 무마시키기 위해 가끔 일반인들에게도 아주 낮은 형량을 부여해 놓아야 합니다." 판사가 이렇게 말했다.

"뭐라고? 부자들의 범죄 행위를 가볍게 처벌하기 위한 선례들로 만들어 놓기 위해 부조리한 판결을 한다고? 지금 제정신이냐?" 하늘의 판관이 물었다.

"왜 그러십니까? 지금까지 사람의 역사는 정복자와 강자 중심의 역사였으며 그 과정을 통해 인류의 문명은 지금처럼 진보하지 않았습니까? 전제적 공동체의 발전을 위해 어느 정도 소수의 희생은 어쩔 수 없습니다." 지상의 판사는 아무 망설임 없이 이렇게 말했다.

"공동체의 문명 진보를 위해 필요하다? 기묘한 이론이다. 무엇이 진보인지에 대한 통찰이 잘 되었는지는 모르겠다. 지금이 괜찮은 세상이라고 생각하는 모양이구나. 하지만 하늘에서 내려다보면 그렇지 않다고 생각하는 사람이 더 많은 것 같은데." 하늘의 판관이 말했다.

"자연의 세계에서도 이 같은 일은 상식입니다. 들소 떼가 강을 건널 때 악어의 밥이 되는 몇 마리의 소가 수만 마리의 생명을 구하는 법입니다. 이는 인간의 뛰어난 정신들도 이를 인정합니다. 플라톤은 인간의 서로 다른 불평등적 역할을 주장했고 그로티우스도 다수 민중이 소수를 희생하는 것이 인간의 역사였음을 인정했습니다. 그뿐 아니라 홉스도 인간은 강자가 모든 것을 갖는 것이 자연 상태라고 통찰했습니다. 무엇이 잘못이겠습니까?" 지상의 판사는 확신을 갖고 자신의 판결을 정당화했다.

2. 토론: 약자에 대한 판결 불공정 문제

하늘의 판관은 지상의 판사 판결에 대해 고민하더니, 그 재판을 담당했던 변호사와 검사를 불러 의견을 다시 들어보기로 하고 그들을 불렀다.

변호사: "지금 판사님의 말씀 그대로입니다. 그렇게 해야 힘 있고 재력 있는 사람이 잘못을 저질러도 그들에게 면죄부를 줄 수 있을 것 아닙니까? 대를 위해 소는 희생할 만한 가치가 있습니다. 저는 힘 있는 자를 변호하는 것이 아니라 우리 사회를 유지하기 위한 정의를 변호하는 것입니다."

검사: "변호사의 말이 틀린 것은 아닙니다. 하지만 그에게 죄가 없다고 하는 것은 어불성설입니다. 분명히 죄가 있고, 그 죄를 벌해야 하지만, 그의 사회적 역할을 위해 집행을 유예해 주자는 것이고, 제 의견대로 판결이 난 것입니다."

하늘의 판관은 약간 혼동이 되었다. 이들 지상의 변호사나 검사들이 모두 한통속이었다.

"아니, 검사조차 그를 풀어 주어야 한다고 생각한 것이냐? 지상의 삶이 어떻게 돌아가는지 도저히 알 수가 없구나. 다시 한번 묻겠다. 정말 사회를 이끌어가는 사람들은 잘못을 해도 풀어주어 그들의 역할을 하게 해야 한다고 생각하느냐? 솔직히 말해 보아라."

변호사: "솔직히 말해 변호사의 윤택한 생활을 유지하려면 돈 있는 자들의 의뢰가 필수적으로 필요합니다. 가난한 사람들의 소송은 별로 돈이 되지 않습니다. 수많은 변호사가 먹고 살려면 사실 다른 방법이 없습니다."

"돈벌이 수단으로 정의를 버린단 말이냐?" 그럼, 검사, 자네는 왜 그런가? 자네는 국가에서 월급을 받는 공무원 아닌가?" 하늘의 판관이 검사에게 물었다.

검사: "그건 판관님이 잘 모르셔서 그럽니다. 검사 월급은 사회 지도층으로 활동하기에는 턱없이 부족합니다. 어차피 나중에 변호사 개업을 해야 돈을 벌 수 있기 때문에 변호사의 의견에 약간 반대하는 척만 할 뿐입니다. 그렇게 하지 않으면 우리 사회에서 검사라는 직업은 금세 초라한 공무원 신세가 될 것입니다."

"세상이 기묘하게 바뀌어가는구나! 이를 어찌한단 말이냐. 지상에서 이를 해결할 만한 다른 방법은 없느냐? 누가 지상에서 의견을 가진 사람을 이곳으로 불러오너라. 그의 의견을 들어보자." 하늘의 판관이 말했다.

조금 있으니 어떤 서른 살쯤으로 보이는 두 명의 젊은 사람이 하늘의 사자와 천사들에 둘러싸여 이곳 언덕에 도착했다.

판관: "자네는 누구인가?"

젊은 사람 1: "이곳에 태어나 이곳에서 평범하게 자란 사람입니다. 훌륭하신 분들의 일에 제가 낼 의견은 별로 없을 것 같습니다."

판관: "그런가? 하지만 평범한 보통 사람의 의견도 참고가 될 테니 한번 물어보겠네. 현재, 범죄에 대한 지상의 판결이 적절하다고 생각하는가? 아니면 더 엄격해져야 한다고 생각하는가?"

젊은 사람 1: "물론 경우에 따라 다를 것으로 생각합니다. 어떤 경우는 엄격해져야 하고 어떤 경우는 오히려 좀 더 관대해지는 것이 필요하다고 생각합니다. 그런데 인간이라는 종족은 그것을 판단할 능력이 없습니다. 자신의 이익을 포기할 만큼의 고귀한 영혼이 사라진 지 오래이기 때문입니다. 그 해결책을 인간에게서 찾는 것은 불가능하지 않나 싶습니다."

판관: "인간이 하는 일에 대한 해결책을 인간에게서 찾을 수 없다고 생각하는 것은 무슨 괴변인가? 그럼 인간의 일을 누가 해결하는가? 신이 하나하나 해결해 주어야 한단 말인가? 아무튼 현재 상황은 몹시 어려운 것 같구나. 그래 다른 사람의 의견도 들어보자. 자네는 어떻게 생각하는가?"

젊은 사람 2: "태어났을 때 어린아이들의 귀엽고 착한 심성들을 되돌아보면 사람은 본래 그렇게 악하지는 않다고 생각합니다. 여러 가지 상황이 나쁘게 흘러가 죄를 짓게 되지만 그 순수하고 착한 어린 시절을 생각하면 가능한 그들이 회개하고 본래의 심성으로 돌아올 수 있도록 기회를 주어야 한다고 생각합니다. 이는 힘이 있건 없건, 돈이 있건 없건 다르지 않다고 생각합니다."

판관: "이 어찌 된 일인가? 저 느티나무 아래서 슬픔에 잠긴 자의 억울함은 그럼 어찌할 수 없다는 말인가? 억울한 사람의 말을 직접 들어보자. 생각을 말해 보아라."

억울한 사람: "지금 모든 사람이 무력감으로 저항하지 못하는 상태인 것 같습니다. 이 쇠사슬을 풀어줄 그 무엇이 필요합니다. 결국 사람들의 이기심과 욕망이 뒤엉켜 세상은 점점 나락으로 떨어지고 이를 해결할 방법은 사람의 마음을 변화시키는 숭고한 사람들이 많이 나오도록 하는 수밖에 없다는 생각이 듭니다. 아니면 하늘의 신

께서 사람들이 죄를 무서워하도록 무언가 엄한 판결을 내려 주시기를 부탁드립니다."

판관: "죄를 지어도 무서워하지 않으니 점점 사람들이 겁이 없어지는구나. 그러나 기억해야 할 것이다. 현실 세계에서는 죄를 짓고도 그럭저럭 살아가겠지만, 마음속 세상에서는 다른 태양과 다른 바람이 불 것이다. 천신의 명령 때문에 인간의 일에는 직접 간섭할 수도 없으니 어찌하면 좋겠느냐?"

이때, 우연히 그곳을 지나던 갸름한 얼굴의 소년이 판관의 탄식을 듣고 이렇게 말했다.

"무엇을 그리 탄식하십니까?"

"지금 지상 세계가 정상이 아니구나. 신이 인간을 직접 다스릴 수도 없고 인간들에게 맡겨 놓자니 힘없는 약자들이 자꾸 당하게 생겼구나."

"그럼, 신적 정신을 가진 인간을 만드시어 지상으로 보내 그곳을 통치하도록 하면 될 것 아닌가요?"

"그건 안 될 일이다. 그 같은 사람을 갑자기 등장시키는 것도 이상하며, 어린아이로 태어나게 한다면 그것은 시간이 너무 걸리고 인간으로 자라면서 신성이 그대로 유지되리라는 보장도 없다. 인간의 정신은 꽤 강력하다. 신이 그렇게 만들었으니 어쩔 수 없다."

"음, 그럼 인간들에게 무서운 경고를 보내면 되지 않습니까? 스스로 그것을 알아차리고 생각을 바꿀지도 모르지 않습니까?"

"그렇긴 하다만, 그것을 욕심으로 가득한 어리석은 인간들이 알

2. 토론: 약자에 대한 판결 불공정 문제

아 차릴지는 모르겠구나. 그래도 현재로서는 달리 방법이 없는 것 같으니, 천신과 상의하여 어떤 경고를 내릴지 결정하겠다. 하지만 경고를 내릴 경우에도 판관인 내 판결이 필요하다. 판결과 경고를 같이 내릴 것이다."

"욕심 많고 자비심과 배려심이 없고 자기밖에 모르는 파렴치한 인간들에게 직접적으로 보내는 경고를 해주시기 바랍니다. 파렴치한 어른들은 어리석어서 한번 돌려서 경고하면 잘 알아듣지 못할 테니까요."

"알겠다."

판관은 천신에게 보고할 판결문을 준비하기 위해 자신의 거처로 향했다. 약한 처벌을 내림으로써 힘 있는 자들을 보호하고 그것으로 돈을 벌고 있는 사람들은 어떤 처벌이 내릴지, 강자들을 위한 법에 어떤 심판이 내려질지 모두 기다렸다. 이때, 이 사건의 가해자, 피고가 나타나 이렇게 말했다.

"각자에게는 자신의 위치가 있는 법입니다. 나에게 맞은 자는 자신의 위치를 모르고 나에게 대항하다 그렇게 된 것입니다. 처음부터 고분고분하게 내 말을 들었으면 이런 일은 없었을 것입니다. 모든 사회에서 계급이 있는 것은 당연하고 자연스러운 일입니다."

이 말에 거처로 가려던 판관은 얼굴을 찡그렸고 갸름한 얼굴의 소년이 이렇게 말했다.

"아마 저 사람은 자신이 조금 다른 사람인 줄 아나 봅니다. 바로 저런 사람들 때문에 인간은 영원히 비참함에서 벗어나지 못할 것입

2. 토론: 약자에 대한 판결 불공정 문제

니다. 저런 인간들은 우리 인류에서 추방시켜 다른 세상으로 보낼 수 없나요?"

"저 아이는 어린 나이에 못 하는 말이 없군요. 하지만 저 순수해 보이는 아이도 돈을 많이 벌거나 조금 높은 자리에 올라가면 곧 태도를 바꿔 제가 한 말보다 더한 말로 힘 있는 자들 편을 들 겁니다. 저렇게 약자 편을 드는 자들은 모두 그것이 자신의 이익에 도움이 될 거로 생각해 저러는 겁니다. 인간은 모두 비슷합니다. 저도 저 어린 소년 나이에는 힘없는 약자였고 저 소년과 같은 주장을 하고 다녔습니다."

"네 말은 인간은 원래 모두 그러하니 어떠한 판결과 경고에도 그러는 척만 할 뿐, 하나도 변하지 않을 거란 말이냐? 네가 판결을 무의미하게 만들어 인간 세상에 대한 신의 간섭을 막으려 하는구나. 그것이 힘만 있고 어리석은 너희들의 얕은 의도라는 것을 하늘의 판관인 내가 모를 것 같으냐? 기다려라. 판결을 내리겠다. 그리고 이 판결을 지키지 않는 자들은 죽을 때 단말마의 고통을 억울한 약자가 괴로움을 느꼈던 시간 만큼 부과할 것이고, 억울함을 느끼게 하는 일을 50생 반복해서 살도록 할 것이며, 그 자손은 대대로 억울함을 준 사람의 노예로서 20생을 살도록 할 것이다."

잠시 후, 판관은 판결문을 공개했다. 이에 대해 지상의 판사, 검사, 변호사, 경찰관 등 판결과 관련된 사람들은 모두 불만을 표하고 판관에게 이의를 제기했다. 지상의 법관은 이렇게 말했다.

"지상의 일은 천상에서 관여할 수 없도록 천신이 결정했는데, 판관님은 무슨 권한으로 지상의 일에 관한 판결을 내리십니까? 천상

2. 토론: 약자에 대한 판결 불공정 문제

「약자에 대한 판결 불공정 문제」에 대한
판결문

인간의 죄에 대한 판결과 관련된 사람들, 즉 법관, 검사, 변호사, 경찰관 등 지상의 판관은 자신의 이익을 위하여 그리고 힘 있는 자들을 보호할 의도를 가지고 약한 자들을 억울하게 하는 일이 없도록 해야 하며 이에 아래와 같이 명한다.

1: 지상의 판관은 모든 판결을 빈부 고하를 막론하고 누구에게나 예외 없이 평등하게 선고해야 한다, 이를 어기면 최고의 형벌로 반드시 처벌한다.

2. 판결에는 피해자의 의견을 반영하여 선고해야 한다. 피해자가 원하면 배심원에 포함시켜 재판하며, 반드시 피해자의 분노와 슬픔을 충분히 반영하는 수준으로 선고해야 한다.

3. 재력, 또는 권력으로 가해자의 처벌을 집행유예 등 미약하게 선고해서 피해자의 분노를 사는 행위는 절대 금지한다. 이와 같은 판결에 관련한 재판관, 검사, 경찰 모두 예외 없이 처벌한다.

4. 위의 내용을 어긴 지상의 판관은 즉시 파면하고 10년 이상 또는 무기징역 형을 선고한다. 이때, 피해자의 승인 등, 특별한 사정이 참작되지 않는 이상 예외 없이 무기징역 형을 선고한다.

천상의 판관

2. 토론: 약자에 대한 판결 불공정 문제

의 법칙에 위배되는 것 아닙니까?"

"그건 네가 몰라서 하는 말이다. 죽음의 순간은 지상과 천상이 모두 관여하는 부분으로 천상의 판결이 유효한 부분이다. 단말마의 고통은 단 한 순간도 견디기 어려운 고통인데 오랫동안 그 고통을 겪도록 하겠다. 후회해도 소용없다. 그리고 판결 또한 천신의 재가를 받고 실행할 것이니 네가 관여할 이야기가 아니다."

"그건 너무 하십니다. 그리고 갑자기 이런 판결을 경고도 없이 내리시면 이미 했던 일들은 어떻게 하란 말씀입니까?"

"이미 했던 죄에 대해서는 속죄할 기회를 주겠다. 고통을 받은 피해자들에게 일일이 머리 숙여 진심으로 사과하고 원하는 만큼 보상해 주도록 해라. 사과에 진심이 담기지 않으면 소용없다. 너희들이 나를 절대 속일 수는 없으니 유념하도록 하라. 경고한다는 것은 이미 행했던 일은 불문에 붙인다는 이미인데, 처음에는 그렇게 하려 했으나 너희 인간들의 생각을 들어보니 경고로써 지난 일을 용서해서는 안 되겠다. 반드시 지난 죗값도 치르도록 하라."

"그래도 지상의 판관들이 실수도 할 수 있는데 최소 형벌이 10년 이상이고 대부분 무기징역인 것은 너무 가혹합니다."

"그렇게 하지 않으면 천신의 판결을 두려워하지 않고 따르지 않을 것이기 때문이다. 지상의 사람들이 지금처럼 약자들을 이용하거나 무시하는 모습이 사라지면 이 판결문은 재고될 것이다."

다음 날, 판관의 판결은 천신의 재가를 받고 즉시 시행되었다. 천신에게 보고하는 과정에서 판관은 지상에 부조리가 만연되어 있음을 보고했고 천신은 즉시 지상에 방을 내려 부조리를 모두 고발하도

2. 토론: 약자에 대한 판결 불공정 문제

록 했다. 판관에게는 부조리를 해결할 수 있는 판결을 작성하여 계속 보고하도록 지시했다. 방이 시상으로 뿌려지자 속속 억울하고 부조리한 지상의 문제들이 고발되었다.

2. 토론: 약자에 대한 판결 불공정 문제에 대하여 (1-1)

문제 1 제시문의 결과를 찬성하는지 반대하는지 그 이유를 세 가지 들면서 자신의 의견을 논술하고 다른 의견을 가진 사람을 설득하시오. (600~1,200자)

2. 토론: 약자에 대한 판결 불공정 문제에 대하여 (1-2)

문제 1 제시문의 결과를 찬성하는지 반대하는지 그 이유를 세 가지 들면서 자신의 의견을 논술하고 다른 의견을 가진 사람을 설득하시오. (600~1,200자)

2. 토론: 약자에 대한 판결 불공정 문제에 대하여 (2)

문제 2 상대의 반대 의견에 대하여 논리적으로 반박하는 의견을 논술하시오. (600자)

2. 토론: 약자에 대한 판결 불공정 문제에 대하여 (3)

문제 3 (1) 상대의 반대 의견과 합의한 내용을 그 구체적 이유와 함께 기술하시오. (2) 합의가 안 됐을 경우, 상대방 의견을 고려한 일부 수정된 자신의 의견을 도출하고 그 이유를 구체적으로 설명하시오. (600자)

3. 주제 토론: 강자와 약자의 공평에 대하여

억압과 다툼을
'권력과 민중' 사이의 문제라고 생각하면 오산이다.
그 근원은 '힘 있는 자와 힘없는 자' 사이의 문제이다.
문제의 근원이 자존감으로 무장한 '나'일 수 있다.
자존감이 거만함이 되지 않도록 주의하라.

〈위 글을 바탕으로 강자와 약자에 대하여 창작하시오.: 사회 비판 관점〉

200자

400자

49. 우리 시대 약자는 살기 괜찮은가?

4. 천자문 (49/125)

性(성품 성) 靜(고요할 정) 情(뜻 정) 逸(편안할 일)

성품이 고요하면 뜻이 편안하고

心(마음 심) 動(움직일 동) 神(정신 신) 疲(피곤할 피)

성품이 부족하면 뜻이 어지럽다.

성정정일   심동신피

性靜情逸 이고 心動神疲 라.

뜻을 세우기 전, 먼저 성품을 완성하라.

[한자 세 번, 뜻 한 번을 쓰시오]

장자 (장자)

장자의 인생론에서 이상적인 삶이라는 것은 근심의 근원인 자기의 육체 · 정신을 버리고 '허정'(虛靜), '염담'(恬淡)의 심경에 도달하여 자연의 법칙에 따르고 어떠한 것에도 침해받지 않는 자유 · 독립을 얻어 세계의 밖에서 초연하게 노니는 것이다. 이것을 실현한 사람을 '진인'이라고 하며, 이 인생론의 근저에는 세계는 불가지의 실재인 도의 표상이라는 세계관과, 개념적 인식과 가치판단은 불가능할 뿐 아니라 무의미한 것이고, 철저한 무지만 올바른 것이라고 히는 지식론이 깔려 있다

이 지식론은 명가(名家)의 궤변이나 전변(田駢)의 제물설(齊物說)의 비판적 섭취에서 성립, 얼마 후에는 세계관과 혼합하여 세계의 존재와 운동은 '도'(道)에 의해 지탱되고 있다는 존재론, 우주 생성의 전설을 받아들여 태초의 '혼돈'='도'로부터 세계가 유출하였다고 하는 우주생성론 및 음양 오행설을 채용하여 물(物)의 생사(生死)를 기(氣)의 집산으로 설명한 자연론 등이 전개되었다.

노자와 장자를 묶어 흔히 노장사상이라고 부른다. 하지만 이 둘 사이에는 차이가 있는데, 노자가 정치와 사회의 현실에 어느 정도 관심을 가지고 있었던 데 대해, 장자는 개인의 안심입명에만 몰두했다. 노자가 혼란한 세상을 구하기 위해 무위자연에 처할 것을 가르쳤던 반면, 장자는 속세를 초탈하여 유유자적하고자 했다. 즉 노자는 어느정도 공동체에 대한 관심을 가진 반면 장자는 오직 개인에 대한 것을 강조하였다.

49. 우리 시대 약자는 살기 괜찮은가?

독서 노트 (49)

[장자에 흐르는 정신(교훈)에 대하여]

1. 저자
   : 장자

2. 도서
   : 장자

3. 독서노트
   (1) 중요하게 생각하는 열 가지 이야기를 기술하시오. (각 100자)
   (2) 정리한 열 가지 이야기에 흐르는 정신(교훈)을 두 가지로 나누고, 각 이야기를 인용하면서 장자의 두 가지 정신(교훈)에 대하여 설명하시오. (각 300자)

4. 기간
   : 2주

독서노트

(1) 중요하게 생각하는 열 가지 이야기를 기술하시오. (각 100자)

1.

2.

200자

3.

4.

400자

5.

600자

49. 우리 시대 약자는 살기 괜찮은가?

독서노트

(1) 중요하게 생각하는 열 가지 이야기를 기술하시오. (각 100자)

6.

7.

8.

9.

10.

독서노트

(2) 정리한 열 가지 이야기에 흐르는 정신(교훈)을 두 가지로 나누고, 각 이야기를 인용하면서 장자의 두 가지 정신(교훈)에 대하여 설명하시오. (각 300자)

1.

200자

2.

400자

600자

49. 우리 시대 약자는 살기 괜찮은가?

Summary

1. 나에 대하여

　　: 나는 어떤 면에서 강자이고 어떤 면에서 약자인가? (400자)

2. 토론

　　: 약자에 대한 판결 불공정 문제에 대하여

3. 주제 토론

　　: 강자와 약자의 공평에 대하여

4. 천자문

5. 독서 노트

　　: 장자 (장자)

우리 시대의 약자에 대하여

✿ 49. 우리 시대 약자는 살기 괜찮은가에 대하여 자신의 생각을 종합하시오.

49. 우리 시대 약자는 살기 괜찮은가?

몇 가지 더 가졌다고 자랑할 것 없다.
우리에게 필요한 사람은
가진 자가 아니라 나누는 자이다.
자기를 명석하다고 생각하는 자는
받을 일이 별로 없어 잘 나누지 않기 때문에
사람들에게 곧 무시당한다.

- 진리의서, 자유정신사 -

50. 우리 시대 교육은 문제 없는가?

대학 서열 문제

50. 우리 시대 교육은 문제 없는가?

✿

✿

1. 나에 대하여

문제 나는 어느 대학에 가고 싶은지 그리고 그 이유는 무엇인지, 구체적으로 설명하시오. (400자)

200자

400자

50. 우리 시대 교육은 문제 없는가?

2. 토론

대학 서열 문제에 대하여

2. 우리 시대 교육은 문제없는가

어느 부부가 천상의 판관에게 인사하며 이렇게 말했다.

"저희는 대학을 준비하는 아이들을 가진 부모입니다. 두 아이가 대학을 준비하는데 대학에 서열이 있어 좋은 대학을 가기 위한 입시 경쟁이 치열합니다. 아이들은 아침부터 저녁까지 공부하지만 좋은 대학을 갈 가능성은 그렇게 크지 않습니다. 아이들이 좋은 대학을 가기 위해 가장 순수하고 소중한 시기를 그렇게 유익해 보이지도 않는 공부를 하면서 보내는 것을 고쳐 주시기를 간청 드립니다."

"아니, 대학에 서열이 있다고? 그 대학은 학비가 싸거나 아니면 졸업하면 자동으로 취업하는 특혜가 있는 대학이냐? 왜 그런 특혜를 만들었느냐?"

"아닙니다. 그런 특혜는 없습니다. 학비가 싼 것도 아니고 원래부터 취직 같은 것이 정해진 것은 없지만 경쟁을 통해 우수한 학생들이 진학하다 보니, 기업에서 그 학교 출신들을 선호하게 되어 결국 그런 특혜가 있는 셈이 되어 버렸습니다."

"그런데 왜 그곳을 가려고 하느냐? 몇 년 정도 사람들이 그 학교에 가지 않으면 저절로 그런 서열은 없어질 것 아니냐?"

"사람들의 생각이 그렇게 쉽게 바뀌지 않습니다. 모든 학생이 그 학교에 지원하지 않는 것은 어렵습니다."

"해보지도 않고 어렵다고 하는구나. 그 서열이 높은 학교는 선발 기준이 무엇이냐?"

2. 토론: 대학 서열 문제

"국어, 영어, 수학을 중심으로 한 과목들입니다. 이 과목들에서 성적순으로 선발합니다. 성적만으로 뽑지 않으려고 다른 종합 능력을 보고 뽑으려 하는데 그 선발 과정에서 여러 가지 비리도 있고 결국 학력이 높은 아이들이 종합 능력도 높기 때문에 결국은 학력이 기준이 됩니다."

"그럼, 성적이 우수한 아이들은 인격적으로 우수한 아이들이겠구나? 여러 과목을 두루 잘한다면 말이다."

"그건 아닙니다. 현재 교육은 기억력과 오랫동안 그것을 공부하는 인내력만 있으면 성적이 좋습니다. 성적과 아이들의 성격이나 인격은 관계가 없습니다. 실제로 학교에서 아이들의 종합 인격을 키우는 독서와 철학 교육을 전문적으로 하지 않고 있고 그것을 가르칠 만한 선생님도 없습니다."

"점점, 이상한 말만 하는구나. 그럼 우수한 학교의 학생들이 철학 교육도 받지 않는단 말이냐? 그럼 우수한 아이들이 사회에 나가면 결국 사회를 어지럽히는 사악한 엘리트가 되는 것 아니냐? 그런 아이들을 선발하는 대학들은 무슨 생각을 하는 것인지 모르겠다. 그렇다면 대학에 들어가서 올바름과 선함 그리고 아름다움을 가진 인격체를 위한 교육을 하는 모양이구나. 그래서 서열이 높은 것이냐? 그런데 그런 인격체를 위한 교육은 대학에 들어가서 교육하면 이미 늦다. 정말 앞뒤가 안 맞는구나."

"대학에서 그런 교육은 하지 않습니다. 이미 대학은 취업을 위한 자격과 스펙 쌓기를 위한 과정과 도구로 바뀌었습니다. 대학에 바랄 것은 아무것도 없습니다."

2. 토론: 대학 서열 문제

"아주 엉망이구나. 설마 생각이 있다면 국가의 교육을 그렇게 내버려 둘 리가 없다. 현재 교육제도의 서열에 대해 달리 의견을 가진 자는 없는가? 현재 국가 교육을 담당하는 책임자를 불러오너라."

잠시 후, 사자들이 교육 책임자를 불러왔다. 그는 현재 대학 서열화 문제에 대한 이야기를 듣고 천상의 판관에게 이렇게 말했다.

"대학 서열화에 불만을 가진 사람들의 말은 자신이나 자신의 아이들이 그 대학에 갈 만한 실력이 되지 않아 그렇게 말하는 것입니다. 현재 서열이 높은 대학을 가기 위해서는 학생 시절 대부분을 열심히 그리고 성실하게 노력해야 하며 그 노력과 인내의 결과로써 좋은 대학에 가는 것입니다. 현재의 교육 시스템으로 우리 국가는 발전해 왔고 이로써 우리 대학 서열화를 통한 학생들의 경쟁적 노력을 이끄는 현재의 교육 방법은 그 효과가 검증되었다고도 할 수 있을 것입니다."

"네 생각은 성실성이 있으니 좋은 대학에 갈 만하다는 이야기인가? 그런데 성실성은 돈을 벌기 위한 기업이 그 사원들에게 요구하는 가치 아닌가? 대학이 기업에서 요구하는 가치 중심으로 학생들을 선발하는 것이 옳다고 지금 말하는 것이냐? 기업의 목적은 다른 사회적 가치도 있지만, 이익 추구가 가장 큰 목적 아니냐? 무언가 잘 못됐다고 생각하지 않느냐?"

"판관께서는 지상의 삶에 대해 잘 모르시고 하시는 말씀 같습니다. 지상의 삶은 먹고 사는 문제가 그렇게 쉬운 일이 아니며 기업을 포함해 돈을 벌 수 있는 지식을 그 중심으로 하는 것은 교육의 가장 중요한 역할입니다. 잘못된 것은 없습니다."

2. 토론: 대학 서열 문제

"교육 책임자가 그런 생각을 가지고 있으니 대학 서열을 부조리하다고 고발한 사람들의 의견은 무시되겠구나. 현재 지상은 먹고 사는 것이 최고의 과제인가? 내가 알고 있는 바는 전쟁 후 50년, 서기 2000년까지는 그의 말이 맞겠지만 지금은 그것보다 더 중요한 것이 있을 것이라 생각하는데, 또 다른 사람의 의견을 들어봐야겠다. 사자들은 교육을 직접 담당하는 교사들을 불러오너라."

사자들은 즉시 학교 교사 둘을 천상의 판관에게 데리고 왔다. 판관은 교사들에게 현재 서열화되어 있는 대학에 대한 의견을 물었다. 한 교사가 이렇게 말했다.

"지금의 서열화는 우수한 학생들을 대학이 확보하고 그들이 더욱 능력을 발휘할 수 있도록 하는 엘리트 교육의 일부입니다. 이는 인류 2500년 이상의 역사를 가진 교육 전통입니다. 지금 우리 세대만의 특별한 교육 시스템은 아닙니다. 몇 가지 부작용은 있을 수 있겠지만 장점도 많은 제도이기 때문에 대학 서열화로 아이들이 고생하는 것은 어쩔 수 없는 일이라고 생각합니다. 학교 내 학생들도 힘들기는 하지만 대학 서열화는 인정하는 분위기입니다. 그것마저 없다면 학교 교육은 더욱 설 자리를 잃을 것입니다."

이 말에 또 다른 교사는 그의 의견을 인정할 수 없다며 흥분하며 이렇게 말했다.

"저 교사분은 실상을 전혀 파악하고 있지 못합니다. 아이들은 하루하루 경쟁 속에서 지쳐가고 있고 서로 즐겁게 살아가는 법을 잊어버리고 있습니다. 엘리트 교육이 정말 엘리트를 위한 교육인지 부모로부터 충분한 교육적 지원을 받는 아이들을 위한 교육인지는 생각해 봐야 할 것입니다. 많은 학생이 서열화되는 성적으로 삶마저 서열화되는 착각 속에서 좌절하는 삶을 살고 있습니다. 만일 대학 서열화를 없애고 오히려 초, 중, 고등학교 가듯이 자신의 집 근처 학교로 추첨해서 간다면 도대체 무엇이 문제입니까? 이 방법은 전혀 문제없을 것이며, 오히려 10대의 시기가 가장 힘들고 어려운 시기에서 가장 행복하고 즐거운 시기로 바뀌게 할 것입니다."

"과연 그럴까요? 힘들고 어려운 시기가 몇 년 뒤로 미루어지는 것밖에는 없는 것 아닙니까? 어차피 사람이 자신의 목표를 이루려면 필요한 준비의 양은 있는 법입니다. 피아노를 잘 치기 위해, 그림을 잘 그리기 위해, 무언가를 잘하기 위해 필요한 준비 기간은 항상 있는 법입니다. 10대의 시기를 편히 지낸다면 자신의 목표를 이루기 위한 시기만 연장될 뿐, 어차피 들여야 할 노력은 변함없습니다. 그러므로 10대 시절에 그것을 위한 노력을 하는 것은 각자 자신의 인생을 위해서도 필요한 일입니다."

이야기를 듣고 있던 판관은 이렇게 말했다.

"10대의 시기를 자유롭게 보낼 것인지, 미래를 위한 준비의 시간으로 할지의 문제이구나. 하지만 너희들이 하나 알지 못하고 있는 것이 있다. 자유의 시간과 준비의 시간은 분리하는 것이 아니라는 것이다. 자유로운 상태에서 준비하는 것이고 준비하면서도 자유로워야 하는 법이다. 따라서 10대의 가장 황금기를 삶의 준비 기간으로 생각하는 것은 삶의 원리를 잘 모르고 하는 말이다. 이번에는 아이들 이야기도 들어봐야겠다. 사자들은 아이들을 불러오너라."

사자들은 학교로 가 중학생과 고등학생 한 명씩을 데리고 왔다.

2. 토론: 대학 서열 문제

지금 이야기하고 있는 대학 서열화에 따른 입시의 어려움에 대하여 고등학생 아이가 먼저 이렇게 말했다.

"무엇보다도 우리 인생이 너무 일찍 결정되어 버리는 것은 무언가 변화가 필요합니다. 어린 시절, 조금 다른 생각하고 놀면 평생 능력 없고 불성실하고 부족한 인간으로 낙인찍힙니다. 다른 나라의 예는 어떻고, 지금까지의 교육 제도는 어떻고, 유식한 분들은 그런 것을 이야기하지만, 우리에게 필요한 것은 '지금 이곳에서 우리가 원하는 것'입니다. 부디 판관께서 '우리 인생'이 미숙한 10대 시기에 결정되어 버리는 것을 막아 주십시오. 대학으로 인생이 결정되는 것은 너무 가혹한 일입니다."

그렇구나. 그래, 함께 온 중학교 어린 학생의 생각은 어떠하냐?

"우리는 어리지만 10대의 시기가 미래를 열심히 준비해야 하는 때라는 것쯤은 알고 있습니다. 그래서 나름대로 고민도 하고 노력도 하고 있습니다. 그런데 문제는 우리가 모두 같은 능력을 갖추고 있지 않다는 것입니다. 어떤 아이들은 국어, 영어, 수학을 잘하고 어떤 아이들은 체육에서 탁월하고 어떤 아이들은 음악을 좋아합니다. 그런데 무슨 이유인지 국, 영, 수, 학과 공부를 잘하는 아이들이 우수 학생, 모범 학생으로 인정되는지 그 이유를 잘 모르겠습니다. 학과 공부를 잘하는 아이들이 모범 학생으로 인정받다 보니 그 아이들은 자연스럽게 스스로를 뛰어난 아이라고 생각하기도 합니다. 왜 국, 영, 수를 잘하는 아이가 우수 학생인가요? 자신이 무언가를 열심히 노력하고 그것을 잘하면 모두 우수 학생으로 인정받는 그런 것은 현재 서열화된 대학 입시 관점으로는 불가능할 것 같습니다."

2. 토론: 대학 서열 문제

"그래, 어린 학생들의 의견도 우리가 중요하게 고려해야 할 것 같구나. 현재 좋은 대학을 많이 보내는 것이 학교 교육 기관의 평가 척도로 되어서는 학생들이 원하는 교육은 절대 불가능할 것 같다. 이는 결국은 모든 것이 기묘하게 돌아가는 어른들의 세상 때문인 것 같다. 그렇다면 조금 전 어떤 교사가 제안한 것처럼 지금 당장 대학 입시를 없애고 초등학교처럼 자신이 살고 있는 곳의 대학으로 간다면 무엇이 문제이냐? 교육 책임자는 말해 보아라."

"그것은 안 될 말입니다. 지금의 일류 대학은 100년 가까운 시간 동안 노력하여 그 명성과 명예를 얻은 학교입니다. 그 명성과 명예는 다른 대학교에서 아무리 노력해도 그렇게 단기간에 쉽게 얻을 수 있는 것이 아닙니다. 만일 그런 제도가 도입된다면 모든 국민이 좋은 대학 근처로 이사 올 것입니다. 그 대학은 정원이 넘쳐나고 지방의 이름 없는 대학은 폐교에 이를 것입니다."

"대학 진학을 위해 이사하는 것을 금지하고 모든 대학의 시설과 교수들을 공유하고 순환 근무토록 하면 되지 않느냐. 지금도 교수나 교직원들은 국가에서 임금을 지불하지 않느냐."

"그건 안 될 일입니다. 대학의 기능은 교육 기능뿐 아니라 연구 기능도 있는데 만일 그렇게 한다면 연구 장비도 이전해야 하고 교수를 따라 그 연구를 같이 수행하는 석사, 박사 과정 학생들도 이동해야 합니다. 그것은 너무도 큰일로 불가능에 가깝습니다."

"이사하는 일이 뭐가 그렇게 어려운 일이냐. 석사, 박사, 대학원생들은 한창 젊은 시기인데 교수 따라 학교를 이동하고 숙식은 대학 기숙사에서 생활하면 되지 않느냐. 불가능할 것이 무엇이냐?"

2. 토론: 대학 서열 문제

"그것뿐만이 아닙니다. 대학에 있는 교수들도 가족이 있고 그 아이들이 학교에 다니고 있습니다. 교수가 이동하면 그 가족들의 생활은 모두 엉망이 되어 버릴 것입니다."

"대학이 교수 중심으로 운영되어야 한단 말이냐? 교수가 불편해서 안 된다는 말이구나. 사기업들은 필요에 따라 근무지를 바꾸기도 하고 공무원들도 근무지를 바꾸는 것은 아주 흔한 일이다. 교수라서 안 될 이유가 있느냐? 혹시 정책 입안자들이 대부분 교수이기 때문에 자신이 불이익을 당하지 않기 위해 반대하는 것은 아니냐? 지상의 인간들은 전부들 자기 이익밖에는 생각하지 않는 좀 부족한 인간들뿐이구나. 다른 의견은 없느냐?"

이때, 조금 전 대학 서열화 폐지를 반대했던 현직 교사가 이렇게 말했다.

"만일 그렇게 된다면 학교 교육은 어떻게 하라는 말입니까? 교육은 하나에서 열까지 모두 무너져 내릴 것입니다. 기초 학력은 형편없이 떨어질 것이고 이에 따라 기술 중심의 험난한 세상에서 국가 경쟁력도 추락할 것입니다. 지금 대학 입시에 이익과 불이익을 준다는 것으로 학생들을 겨우 통제하고 있는데, 그렇게 되면 학생들은 선생님들의 말을 듣지 않을 것이며 교사는 아이들을 통제할 수단을 잃게 되어 학교는 더욱 의미가 없는 곳으로 전락할 것입니다."

"무어라고? 스스로 교사들, 자신의 무능을 드러내는구나. 학생들을 통제의 대상으로 생각하는 것도 문제이고 그들을 이익과 불이익으로 통제하는 것이 아니라, 자신의 인격과 능력에 의한 존경심으로써 학생들을 움직여야 하는 것이 정상이 아니냐. 그리고 기초 학

2. 토론: 대학 서열 문제

력이 떨어지면 대학 졸업이 늦어질 텐데 공부에 뜻이 있는 학생들이라면 과연 그렇게 공부를 등한시하겠느냐? 그리고 만일 등한시한다면 대학에서 훨씬 더 공부를 열심히 하거나 처음부터 대학을 가지 않으면 될 것이다. 교사들이 항상 자신이 해 오던 일밖에 하지 않으려 하고 새로운 일에 도전하려 하지 않으니 변화가 없는 것이다. 국영수 교사들은 반대하겠지만, 학생들에게 국영수 말고도 가르칠 것은 무궁무진하다. 자, 이번에는 학생들이 대학 서열화를 폐지했을 때의 문제점과 해결책을 말해 보거라."

"문제점은 특별히 없을 것 같습니다. 대학 서열화를 폐지하면 손해 보는 사람들의 불만과 이기심을 달래주어야 한다는 것이 유일한 문제라면 문제겠지요. 하지만 그들의 이기심을 계속 만족시켜 줄 필요는 없다고 생각합니다. 대학이 졸업한 대학 이름을 얻기 위한 곳도, 스펙을 올리기 위한 곳도 아닌, 정말로 공부를 하고자 하는 학생들이 공부를 위해 가는 곳이라면, 공부가 처음부터 시켜서 하는 것이 아니라 내가 공부하기를 원해서 하는 것이라면, 기꺼이 즐겁게 공부할 것 같습니다. 대학을 졸업한 사람과 그렇지 않은 사람의 차별이 단지 경력 4년의 임금 차이라는 전제가 필요하고 대학 교육비가 국가에서 지원되어야 한다는 등이 조건이 필요하겠지요. 기업에서도 서열 폐지된 출신 대학만으로는 그 사람의 실력과 성향에 대한 변별력이 없음으로 각 기업 문화에 독특한 선발 기준을 자체적으로 만들고 강화시킬 것입니다. 각 개인도 단지 능력뿐 아니라 그 기업 문화에 자신이 적합한지를 판단하여 그 기업 문화에 적합한 성격을 가진 사람이 자연스럽게 그 회사에 지원하도록 유도될 것입니다."

"그렇구나. 알겠다. 좀 더 어린 다른 학생도 말해 보거라."

2. 토론: 대학 서열 문제

"문제라고 하면 지금처럼 학원을 여러 곳 다니지 않아도 되어서 시간이 너무 많이 남아, 어떻게 그 시간을 써야 할지 고민하는 것 정도일 겁니다. 사실 즐거운 고민입니다. 기초 학력이 떨어진다고 생각하는 것은 어른들이 잘못 생각하고 있는 겁니다. 사실, 기초 학력이 떨어지는 것이 아니라 쓸데없는 지식을 덜 배운다고 생각합니다. 학교나 시험에 나온다고 공부하면서도 이것을 왜 배우는지 모르겠고 또한 우리 생활 어디에 쓰이는지 알 수 없었습니다. 시험 끝나고 열흘만 지나면 다 잊어버리는 의미 없는 지식을 암기만 하고 있는 것을 계속해서 느끼고 있었습니다. 기초 학력이란 결국 시험을 위한 기초 학력이지 우리 삶을 위한 기초 학력은 아닌 것 같습니다. 서열화 폐지에 의한 대학 평준화는 어른들의 욕심과 이기심만 버리면 아무 문제 없이 우리에게 즐거운 10대를 돌려줄 거로 생각합니다."

"알겠다. 그럼 교육 책임자와 교사들은 대학 서열 폐지에 의한 대학 입시의 폐지에 대해 마지막으로 다른 의견을 말해 보아라."

"국가의 교육을 책임지는 사람으로서 하고 싶은 말은 교육은 국가의 미래라는 것입니다. 노력해서 명문 대학을 졸업하고 그들의 사회를 이루고 자기 삶의 수준을 높이는 것은 힘없고 가난한 사람들이 성공할 수 있는 거의 유일한 길입니다. 그 길을 막아버리는 것은 국가 발전의 강물을 막는 것과도 비슷합니다. 이는 사회 발전과 효율을 고려하지 않는 공산주의, 사회주의 방식과 다를 바 없습니다. 현명하게 판결을 내려주실 것으로 믿습니다."

"교육이 국가의 미래라는 것은 맞지만, 사회에서 성공하기 위한 유일한 길이 명문 대학을 졸업하는 것이라고 생각하고 있고 또한 그

2. 토론: 대학 서열 문제

것을 고치려고 하지 않는 너희들을 이해할 수 없구나. 교육 책임자까지 그런 생각을 하고 있으니 지상의 교육은 암울하기 짝이 없다. 학교 선생님들은 다른 의견 없는가?"

"판관께서는 너무 이상적인 것 같습니다. 다시 이야기하지만 자기 동네 대학을 고등학교 다니듯이 입학한다면 도대체 누가 공부를 하겠습니까? 수많은 교사는 공부하려 하지 않는 학생들을 상대로 어떻게 수업을 정상적으로 진행하겠습니까? 다른 가르칠 것이 많다고 하시는데 대학에서 한 과목을 전공하고 오랫동안 공부하고 연구한 과목이 아니라 새로운 강의 분야를 개척하고 교육하라는 말씀은 교사들을 모두 비전문가로 만드는 일이 될 것입니다. 재고해 주시기를 청합니다."

"모두 자기 입장에서만 이야기하는구나. 일반 기업의 연구자들은 자신이 배웠던 전공 지식만으로는 변화하는 기술을 따라갈 수 없어 하루하루 새로운 기술을 공부하고 있다. 학교 선생도 마찬가지이어야 한다. 자신이 한 번 공부했던 내용으로 학생들을 계속 가르치려 한다면 교사는 학교를 떠나는 것이 좋다."

잠시 생각 후, 판관은 이렇게 말했다.

"그런데, 도대체 교사들 월급을 왜 국가에서 주는지 모르겠구나. 그것도 정년까지 보장해주고 연금까지 두둑이 주다니, 교사들이 그 정도로 힘든 일을 하고 그 정도로 훌륭한 성과를 내고 있느냐? 일반 사설 학원과 동일하게 학부모들에게 수업료를 받아 스스로 생활해야 하는 것 아니냐."

이 말에 교사 중 한 사람이 깜짝 놀라 이렇게 말했다.

2. 토론: 대학 서열 문제

"아니, 무슨 말씀이십니까? 교사가 되기 위해 얼마나 많은 노력과 경쟁을 뚫고 마침내 학교에 왔는데, 국가에서 책임져주지 않으면 어쩌란 말입니까? 교육은 국가가 책임져야 하고 그것을 위해 교사는 국가에서 운영해야 선생님들이 마음 편안히 양질의 교육을 할 수 있을 것 아닙니까? 월급마저 국가에서 책임져 주지 않으면 국가의 교육은 완전히 무너질 것입니다."

"지금 너희들, 교사들이 양질의 교육을 한다고 생각하느냐? 내가 듣기로는 대부분의 학생은 학원 등 사교육을 통해 좀 더 양질의 공부를 하고 있다고 들었다. 양질의 교육으로 그 중요성을 가늠한다면, 학교를 모두 폐지하고, 선생들을 모두 해고한 후, 학원을 국가 기관으로 하여 학원 사교육 선생들을 국가에서 고용하고 월급을 주는 것이 맞지 않겠느냐."

"일부 사교육 선생님이 우수하다는 것은 인정하지만, 대부분의 사교육 선생님들이 학교 선생님들보다 우수하다고 말할 수 없습니다. 그리고 초등, 중등, 고등학교 모두를 폐교하고 선생님 모두를 해고한다면 사회적 혼란은 상상을 초월할 것입니다."

"지금 그 말은 노예 제도를 폐지할 때, 그것을 유지하려던 사람들이 하던 말과 완전히 똑같구나. 노예를 해방하면 사회는 혼란해지고 국가는 망할 것으로 생각했지만, 아무렇지도 않게 잘 지내고 있지 않느냐. 공교육과 사교육의 차이가 무엇이냐? 공교육은 교사가 잘 가르치든 못 가르치든 국가에서 월급을 주고, 사교육은 잘 가르치면 학부모로부터 수강료를 받고, 못 가르치면 망하는 것 아니냐. 공교육에서도 동일한 시스템이 적용되어야 한다. 이는 교사뿐 아니라, 국공립대학 교수들도 마찬가지이다. 모든 국가 조직에서 전체

2. 토론: 대학 서열 문제

국민에게 지급되는 기본 소득 이외에 월급 지급이 보장된 공무원 관련 법은 모두 폐지되어야 한다. 사자는 이 말에 반대하는 사람들을 불러와 의견을 말하게 하라."

사자는 전국에 방을 내려 대학 서열화 폐지로부터 이끌어진 공무원들의 국가 월급 지급 보장 폐지에 대한 의견을 가진 사람들을 불러모았다. 이 사이에 판관은 대학 서열화 폐지와 국가 통합 대학에 대한 판결문을 다음과 같이 작성하고 천신에게 아뢰었다.

판결문을 보자 많은 사람이 반대의 의견을 말했다. 현재 고등학교 1학년으로 모의고사 전국 1등을 하는 학생의 부모는 이렇게 말했다.

"저희 아이는 의대를 가려고 어릴 때부터 피나는 노력을 했는데 모든 학생이 마음대로 대학을 간다면 모든 것이 달라지는 것 아닙니까!?"

"보내고 싶은 학과에 가면 될 것 아니냐."

"그러면 모든 학생이 의대를 갈 것이고 의대 교육의 질이 떨어지고 의사들이 너무 많아지면 의사가 되어도 좋은 점이 하나도 없는 것 아닙니까?"

"의대를 가면 고생은 많이 하는데 돈도 못 번다는 것이 인식되면 의대 지원자가 줄어들 것 아니냐. 그것은 몇 년만 지나면 저절로 해결될 일이다. 현재 의사를 하고 있는 자들이 자신의 수입이 줄어들까 걱정하여 격렬히 반대하겠지만, 의사라고 수입이 좋아야 할 이유가 하나도 없다. 의사가 많아지면 오히려 실력 있고 진정한 의술을 시행하려는 의사도 더 많아질 것이다."

50. 우리 시대 교육은 문제 없는가?

2. 토론: 대학 서열 문제

「대학 서열화 문제」에 대한
판결문

대학 서열화에 따른 여러 문제점을 해결하기 위해 아래와 같이 판결한다. 국가는 이를 2년 안에 시행하고 모든 관련 법령을 개정할 것을 명한다.

1. 국가의 교육은 전국의 모든 대학을 통합하는 교육, 입시 제도로 개편한다.
2. 대학 입시는 폐지하며 원하는 자는 누구나 대학 교육을 받도록 한다. 재학 중 주소를 옮기면 대학도 그 지역으로 전학한다.
3. 대학 등록금은 전국 어디 대학이나 동일하며 절대 평가하여 일정 학력 이상이면 졸업한다. 졸업정원제는 없다.
4. 대학을 졸업해도 다른 특혜는 전혀 없으며 단지 경력 4년만을 인정한다. 이를 어기는 기업은 예외 없이 폐업시킨다.

천상의 판관

2. 토론: 대학 서열 문제

"정말 너무 하시는군요. 사람의 생명을 다루는 일이기 때문에 충분히 실력 있는 사람들이 의사를 해야 하고 이를 위해서는 그만한 보상을 해주어야 좋은 학생들이 의사가 되려고 지원할 것 아닙니까? 실력도 없는 학생들이 의대에 와서 제대로 공부하지도 않고 의사가 되는 것만큼은 피해야 합니다."

"돈을 잘 벌어야 실력 있는 사람이 많이 지원한다는 말이구나. 그렇다면 결국 의사 일은 돈을 위해 하는 것이 아니냐. 돈을 위해 의사가 된 자들이 과연 제대로 된 의술을 제공하겠느냐? 돈을 벌 방법이 있으면 그것에 더 관심을 가지게 될 것 아니냐. 집을 고치는 사람하고 사람의 병을 고치는 사람하고 버는 돈이 달라야 할 이유를 말해 보거라. 결국, 사람의 몸이 집보다 중요하니 더 많은 돈을 받고 고쳐 주겠다는 것 아니냐. 중요한 것을 볼모로 삼아 사람들로부터 더 많은 돈을 거두어들이겠다는 심보가 아니냐. 사람들은 돈이 없어도 목숨을 잃을 순 없으니 할 수 없이 협박에 못 이겨 돈을 지불하니 이는 목숨을 담보로 한 강도와 무엇이 다르냐? 진정한 의술을 하는 사람이라면 좀 더 많은 사람이 그 혜택을 받도록 자신의 삶을 희생하여 의료비를 가능한 낮추는 것이 정상이다. 머리가 똑똑하니 의대에 가서 그것을 이용해 돈을 많이 벌어 보겠다는 마음이 한심스럽구나."

이런 이야기를 하고 있을 때, 판결문이 천신의 재가를 받고 정식으로 공표되었다. 이제, 대학은 통합되었고 대학 입시 제도는 없어졌으며 10대를 공부만 하면서 보내는 일도 옛날 일이 되어 버릴 것이다.

2. 토론: 대학의 서열 문제에 대하여 (1-1)

문제 1 제시문의 결과를 찬성하는지 반대하는지 그 이유를 세 가지 들면서 자신의 의견을 논술하고 다른 의견을 가진 사람을 설득하시오. (600~1,200자)

2. 토론: 대학의 서열 문제에 대하여 (1-2)

문제 1 제시문의 결과를 찬성하는지 반대하는지 그 이유를 세 가지 들면서 자신의 의견을 논술하고 다른 의견을 가진 사람을 설득하시오. (600~1,200자)

2. 토론: 대학의 서열 문제에 대하여 (2)

문제 2 상대의 반대 의견에 대하여 논리적으로 반박하는 의견을 논술하시오. (600자)

2. 토론: 대학의 서열 문제에 대하여 (3)

문제 3 (1) 상대의 반대 의견과 합의한 내용을 그 구체적 이유와 함께 기술하시오. (2) 합의가 안 됐을 경우, 상대방 의견을 고려한 일부 수정된 자신의 의견을 도출하고 그 이유를 구체적으로 설명하시오. (600자)

3. 주제 토론: 우리 시대 교육의 문제에 대하여

가장 어리석은 일 중 하나는
자기가 만든 원칙에 스스로 구속되는 것이다.
이는 땅에 금을 그어 놓고
여기를 넘지 않겠다고 하는 것과 다를 바 없다.

〈위 글을 바탕으로 대학의 서열 문제 등에 대하여 창작하시오.: 사회 비판 관점〉

4. 천자문 (50/125)

守(지킬 수) 眞(참 진) 志(뜻 지) 滿(찰 만)

진리를 지키면 뜻이 지켜지고

逐(쫓을 축) 物(만물 물) 意(뜻 의) 移(옮길 이)

재물을 좇으면 뜻이 어지럽다.

수진지만   축물의이

守眞志滿 이고   逐物意移 라.

인생의 최우선은 올바름이다.

[한자 세 번, 뜻 한 번을 쓰시오]

반지의 제왕 (J. R. R. 톨킨)

　《반지의 제왕》(영어: The Lord of the Rings, 약자 LotR)은 존 로널드 루엘 톨킨이 지은 3부작 판타지 소설이다. 이 소설은 클라이브 스테이플스 루이스의 《나니아 연대기》, 어슐러 르 귄의 《어스시 시리즈》와·함께 세계 3대 판타지 소설로 꼽힌다. 반지의 제왕은 톨킨의 이전 작품인 《호빗》의 다음 편으로서 이후에 벌어지는 더 많은 이야기를 다루고 있다. 이 소설은 1937년과 1949년 사이에 창작되었고, 소설을 쓰는 동안에 제2차 세계 대전이 벌어졌다. 원래는 한 권으로 계획되었지만, 1954년과 1955년에 세 권으로 출판되었다. 여러 번에 걸쳐서 재발행 되었으며 수많은 언어로 번역되어, 20세기 문학 중 가장 잘 알려지고 영향력 있는 책으로 손꼽히고 있다.

독서 노트 (50)

[반지의 제왕에 흐르는 정신(교훈)에 대하여]

1. 저자
  : R. 톨킨

2. 도서
  : 반지의 제왕 (1부 반지 원정대)

3. 독서노트
  (1) 기억에 남는 열 가지 이야기를 기술하시오. (각 100자)
  (2) 이야기에 흐르는 정신(교훈)을, 각 이야기를 인용하면서 세 가지 정신(교훈)에 대하여 설명하시오. (각 250자)

4. 기간
  : 2주

독서노트

(1) 기억에 남는 열 가지 이야기를 기술하시오. (각 100자)

1.

2.

3.

4.

5.

독서노트

(1) 기억에 남는 열 가지 이야기를 기술하시오. (각 100자)

6.

7.

200자

8.

9.

400자

10.

600자

50. 우리 시대 교육은 문제 없는가?

독서노트

(2) 이야기에 흐르는 정신(교훈)을, 각 이야기를 인용하면서 세 가지 정신(교훈)에 대하여 설명하시오. (각 250자)

1.

2.

3.

Summary

1. 나에 대하여

: 나는 어느 대학에 가고 싶은지 그리고 그 이유는 무엇인지, 구체적으로 설명하시오? (400자)

2. 토론

: 우리 시대 교육은 문제없는가?

3. 주제 토론

: 우리 시대 교육의 문제에 대하여

4. 천자문

5. 독서 노트

: 반지의 제왕 (1부 반지 원정대)

우리 시대의 교육에 대하여

✿ 50. 우리 시대의 교육에 대하여 자신의 생각을 종합하시오.

51. 우리 시대 직업은 그 역할을 다하고 있는가?

직업 서열 문제

51. 우리 시대 직업은 그 역할을 다하고 있는가?

1. 나에 대하여

문제 나는 어떤 직업을 갖고 싶은지 그리고 그 이유는 무엇인지, 구체적으로 설명하시오? (400자)

200자

400자

51. 우리 시대 직업은 그 역할을 다하고 있는가

2. 토론

직업 서열 문제에 대하여

3. 우리 시대 직업은 그 역할을 다하고 있는가

　천상 판관의 요청에 따라 국가 공무원의 급여를 꼭 국가에서 모두 지급해야 하는지에 대한 여러 의견을 가진 사람들이 모여들었다. 당연히 현재와 같이 국가에서 차등 없이 지급해야 한다는 의견과 일부 50% 정도의 급여는 지급하겠지만, 나머지 50%는 기본 소득으로 국가가 모든 국민이 공평히 나누는 임금 구조도 필요하다는 의견도 있었다. 모든 국민이 현재 자신의 소득의 반만 받고 나머지 급여는 평준화하는 것이다. 모든 국민 급여의 완전 평준화는 아니지만 반 정도를 평준화하여 급여에 의한 직업 서열화를 막겠다는 것이다. 직업 서열화는 대학 서열화에도 영향을 미칠 것이다. 이 의견 중 기존 방식을 유지해야 한다는 현직 공무원이 판관에게 이렇게 말했다.

　"아니, 국가 공무원의 급여 반을 국가가 지급하지 않는다면 도대체 누가 지급한다는 말입니까? 국가가 반만 지급한다면 수많은 공무원의 급여가 반으로 줄어드는 것 아닙니까?"

　"왜, 반으로 줄면 안 되는 특별한 이유가 있느냐? 사람들 중에는 그것도 받지 못하는 사람들도 많이 있다. 무엇이 문제이냐?"

　"국가 공무원은 안정된 생활을 해야 부정이 없고 좀 더 국민들을 위해 일할 수 있습니다. 생활에 쪼들리면 부정을 저질러 국민들 생활에 악영향을 미칠 것입니다."

　"뭐라고? 가난하면 부정을 저지를 것이라고? 지금 제정신이냐? 정신병자 같구나. 청빈이라는 말도 들어보지 못했느냐? 가난해도 명예롭게 사는 것이 정상 아니냐?"

2. 토론: 직업 서열 문제

"하지만 우리는 공무원이 되기 위해 엄청난 경쟁과 시험을 통과한 엘리트들입니다. 그에 합당한 대우를 해주어야 더 좋은 인재들이 공무원으로 계속 지원하고 국가 발전을 위해 노력할 것 아닙니까?"

"공무원은 그렇게 뛰어난 인재들이 아니어도 된다. 국민들이 잘 살아가도록 그들을 돕는 역할을 하는데 뭐 그리 뛰어난 인재들이 필요하냐? 뛰어난 인재들은 우리 삶의 진보와 행복을 위한 일을 하는 것이 국가 발전에 필요하다. 그렇게 뛰어난 인재가 단순한 민원 지원 업무만 하는 것이 오히려 한심한 일이다. 급여를 확 줄이면 공무원이 아무리 안정된 직업이라 해도 뛰어난 인재들은 지원하지 않을 터이니 더욱더 잘된 일 아니냐?"

"하지만 우리들도 지금까지 하던 생활이 있고 아이들 교육과 여가 생활 등을 해야 하는데 갑자기 이렇게 급여를 반으로 줄이신다고 하면 곤란합니다. 사회 전체의 급여가 줄어들지 않는 한, 공무원만 희생을 강요하는 것은 받아들일 수 없습니다."

"너희들이 받아들이고 안 받아들이고의 문제가 아니라, 이것은 천상의 신이 결정할 문제이다. 주제넘게 나서지 말라. 너희가 할 일은 정확한 결정을 위한 정보를 제공하여 천신의 최종 판결을 돕는 일일 뿐이다. 지금 네가 생각하는 것을 해결하기 위해 모든 사기업의 급여도 반으로 줄이고 나머지는 기본 소득으로 전환하는 것을 고려하고 있다. 기업은 급여의 반만 근로자에게 지급하고 나머지는 국가에 지급하는 구조가 될 것이다. 국가는 기본 소득으로써 근로자에게 지불할 것이다. 이것도 함께 고려하고 있으니 걱정하지 말라."

이 말에 공무원은 엄청 투덜거리며 물러났다. 그가 말을 끝내자 자신을 도시의 가난한 육체노동자라고 하는 자가 판관에게 이렇게 말했다.

"판관님, 천신에게 꼭 전해 주십시오. 판관께서 생각하고 계신 급여의 반을 깎는 것에 찬성한다고 말입니다. 저희 가난한 노동자들은 아침부터 저녁까지 쉴 새 없이 강도 높은 노동을 합니다. 공무원들 중에서도 열심히 일하고 국가적으로 힘들 때 적극적으로 나서는 훌륭한 사람들도 많지만, 아침에 출근해서 민원서류 몇 통 떼어 주고 저희가 버는 수입의 두 배 이상을 받는다는 것은 도저히 납득할 수 없습니다. 교사들은 별로 필요도 없는 휴가용 해외 연수도 가고 방학 기간 동안 전부는 아니지만, 대부분의 날들을 쉬면서 월급을 받습니다. 이는 열심히 일하는 사람들을 약 올리는 일입니다. 그들에게 불만을 이야기하면 그렇게 불만을 말하지 말고 시험을 봐서 정식으로 들어오라고 말합니다. 암기력이 동일하시도 않고, 부모들이 시험 준비를 지원해 줄 수 있는 환경이 동일한 것도 아닌데, 그렇게 말하는 것은 불평등의 극치를 보여주는 파렴치한 태도입니다. 저희가 그것을 요구하면 능력도 안 되는 것들이 유능한 사람들을 시기, 질투한다고 몰아붙이니 판관께서 잘 말씀해 주시기 바랍니다. 그리고 판관께서 50% 급여를 국가에 납부한다는 말은 분명 그 50%를 세금으로 하고 그 재원을 가지고 국민 기본 소득으로 공평히 나누어 직업 간 소득 격차를 혁신적으로 줄이자는 말씀이시지요?"

"그렇다. 우리는 똑똑한 만큼 대우받고 급여를 더 받는 그런 세상이 아니라, 자신의 열정과 노력만큼 급여를 받는 국가가 되어야 한다. 머리가 좋던 머리가 나쁘던 열심히 일하면 같은 월급을 받는 세상을 만들어야 한다. 하지만 이 같은 세상은 지금 의사, 판사, 변호사, 검사, 세무사, 변리사 등 머리가 좋은 사람 중심으로 돌아가는 세상에서는 쉽게 만들지 못할 것이니 천상의 신께서 무슨 방법을 만들어 주실 것이다. 사실 머리가 좋은 사람들도 좋은 직업을 얻기 위해서 너무나 많은 노력이 필요하므로 누구나 조금만 노력하면 의사, 변호사 등이 될 수 있도록 그 인원을 대폭 늘려야 한다. 그래야 그들도 쉽게 직업을 가질 것이고 더불어 특권 의식은 사라질 것이다. 별것도 아닌 자들이 무엇이나 된 듯 행동하는 것을 하늘에서 보고 있으면 소크라테스가 왜 그런 말을 했는지 충분히 이해된다."

이때, 오랫동안 어렵게 공부하여 의사가 된 어떤 젊은 친구가 흥분하여 이렇게 말했다.

"그럼, 머리 좋은 사람이 아닌 누가 우리 세상을 이끌어 갑니까? 힘만 센 불량배 같은 자가 이끌어야겠습니까? 아니면 착하기만 하고 어리석은 자에게 맡기겠습니까? 그래도 머리가 좋다는 것은 가장 이성적이고 합리적 판단을 하여 이익이 되는 결정을 하는 능력이고 그것으로 국가가 정상적으로 운영되고 발전하는 것 아닙니까?"

"지상의 역사는 힘센 자들이 왕이 되고 그들이 통치한 역사가 대부분이다. 머리 좋은 자가 국가를 주도한 것은 몇 년 되지도 않는다. 인간의 역사를 모두 부정하겠다는 말이냐? 중요한 것은 머리가 좋은가, 힘이 센가가 아니라 그 사람이 제대로 된 도덕과 철학을 가지고 있는가이다. 머리 좋은 것에 대해 더는 자랑 말라. 머리가 아무리 좋아도 제대로 된 도덕과 철학이 없으면 오히려 사람에게 해만 끼칠 뿐이다."

2. 토론: 직업 서열 문제

이 말에 젊은 의사는 돌아설 수밖에 없었다. 하지만 기득권을 가진 다른 머리 좋은 변호사가 이렇게 말했다.

"그렇다고 모든 직업의 임금을 비슷하게 하는 것은 그 직업의 필요성에 비해 지원자가 줄어들어 우리 사회에서 제대로 된 역할을 할 수 없게 될 것입니다. 누가 편한 일을 놔두고 머리를 많이 쓰고 신경쓸 일이 많은 직업을 선택하겠습니까? 우리 공동체에서 중요한 일을 하는 사람들에게 더 많은 급여를 지급하는 것은 당연한 일로 이것이 부정되어서는 안 됩니다."

천상의 판관은 이 말에 이렇게 답했다.

"아니, 너희들 머리 좋은 자들이 정말 정의로운 법의 심판이나 진정한 베풂의 의술을 잘 해왔다고 생각하느냐? 내가 하늘에서 볼 때는 너희들 머리 좋은 자들은 시험에 합격하고 그다음에는 돈 벌 궁리를 더 많이 하는 것이 그대로 보인다. 너희들 마음속 생각이 바로 천상으로 전달되기 때문에 거짓말은 소용없다. 사람을 구속할 수 있는 무기와 사람의 생명을 담보로, 그들을 겁주고 협박하여 돈을 벌고 있는 것이 대부분의 사실 아니냐? 하늘을 향해 함부로 거짓말하지 말라."

이때 판관 옆에서 처음부터 계속 같이 있던 소년이 이렇게 말했다.

"아르바이트를 하나 의사를 하나 급여가 비슷하다면 자신이 조금 잘 번다고 거만하게 행동하는 사람은 없겠네요. 아르바이트할 때 보면 그런 사람들이 적지 않습니다. 단지 돈이 좀 있다고 돈을 잘 버는 직업을 가지고 있다고 저를 무시하는 듯한 태도를 보이니까요.

51. 우리 시대 직업은 그 역할을 다하고 있는가

2. 토론: 직업 서열 문제

그렇게만 된다면 어떤 대단한 직업을 가진 사람이라도 열심히 아르바이트하는 사람과 버는 돈이 그게 다르지 않으니 정말 자신이 좋아하는 일을 선택해서 진정으로 행복한 일을 할 수도 있겠군요. 현재 기득권을 가진 사람이 양보만 하면 완전히 다른 세상이 우리에게 주어질지도 모르겠습니다."

"그렇다. 어린 네가 많은 것을 이해했구나. 이 제도를 반대하는 사람들은 뛰어난 사람들, 그리고 이미 소득이 많은 사람이겠지. 하지만 그들도 자신이 아닌 그들의 아이들, 그리고 그 아이들의 아이들로 이어지는 세상을 생각한다면 반대할 이유가 절대 없다."

이때, 엄청난 부를 이미 가지고 있고 그 이자만으로도 대대로 삶이 보장된 대기업 사장이 불만 가득한 목소리로 이렇게 말했다.

"그럼 그것은 공산주의와 다를 게 무엇입니까? 내가 버는 돈은 다른 보통 사람들이 버는 월급의 천 배, 만 배 되는데 그 50%를 세금으로 내는 것은 세금도 천 배, 만 배 더 내는 것 아닙니까? 같은 국가의 혜택을 받으면서 그렇게 국가에 엄청난 돈을 내는 것은 자본주의를 표방하는 민주주의 국가에서는 있을 수 없는 일입니다. 아무도 돈을 벌기 위해 그렇게 열심히 일하지 않을 것입니다. 공산주의는 그 낮은 효율과 낮은 의욕으로 이미 인류에게서 사라진 실패한 제도입니다. 그것을 천상의 판관께서 왜 다시 꺼내 드시는 겁니까?"

"네가 큰 오해를 하고 있구나. 그렇게 돈을 많이 버는 네가 보통 사람들과 똑같은 혜택만을 보고 있다고 생각하느냐? 네가 파는 물건이나 재화를 구매하고 이용하고 사용료를 내는 사람들 모두를 국가가 보호하고 있다. 그러므로 네가 그들 모두에게 팔아 번 돈은 판매한 만큼 비례해서 국가로부터 혜택을 받은 것이다. 여기서 국가로부터의 혜택이란 결국, 국가도 그 구매자들의 세금으로 운영되는 것이므로 너는 결국 그 국가에 세금을 내는 모든 구매자로부터 혜택을 받은 셈이다. 이것이 네가 50%를 세금으로 낸다고 해서 전혀 이상할 것이 없는 이유이다. 그리고 너는 공산주의가 무엇인지 알기나 하고 하는 말이냐? 공산주의는 생산에 필요한 자본, 토지, 재화 등을 공유하는 것이다. 네가 가진 자본, 토지, 재화를 공유하자는 것이 아니니 쓸데없는 주장은 다시 하지 말거라."

"하지만 기업을 경영하는 사람도 법이 정한 세금을 충실히 내면서 사업을 하고 있습니다. 그 법인세는 일반인은 엄두도 못 낼 큰 액수입니다. 그러니 기업 활동에 의한 수익은 정당한 활동입니다."

"그 법인세의 세율이 정당하다고 누가 말했느냐? 너희들이 정치인들과 결탁해서 너희들 편의대로 정한 세율이 아니더냐. 법인세율이 이익의 50% 이상이냐? 그렇지도 않지 않느냐. 자기들끼리 결탁해서 정한 세금을 정당하다고 말하는 파렴치한들을 하늘의 판관인 내가 용납하지 못하겠다."

"그런데 왜 지금까지는 조용히 계시다가 갑자기 이렇게 부자들을 못살게 구십니까? 도대체 무슨 이유입니까?"

"내가 못살게 구는 것 같으냐? 너희들이 너희보다 가난한 자들을 못살게 군 것은 생각하지 않느냐? 너희들이 가난한 자들 앞에서 고개를 뻣뻣이 들고 거들먹거리며 사는 모습을 내가 더 이상 참다 참다 못해 내려온 것이다. 하늘에서 보니 좀 전에도 말했지만 별것 아닌 것들이 무엇이나 된 것처럼 거들먹거리는 모습을 이제 볼 수

2. 토론: 직업 서열 문제

가 없구나."

이때 다시 중소기업을 운영하는 사장이라는 사람이 앞으로 나서 이렇게 말했다.

"판관께서는 너무 가난한 사람들 말만 들으시는 것 아닙니까? 그들이 가난한 데에는 그들의 책임이 더 큽니다. 다른 사람보다 공부할 때 덜 공부하고 놀기만 했고 다른 사람이 죽어라 일할 때, 쉬엄쉬엄 놀기만 하다가 지금 살기 어려워지니 열심히 공부하고 일한 사람들 몫을 달라고 하니 오히려 가난한 자들이 도둑이나 강도와 같은 짓을 하는 것은 아닌지 잘 살피어야 하는 것 아닙니까? 저는 지금의 기업을 이루기 위해 제 인생을 바쳐 겨우 이룩해 놓았는데 지금까지 놀면서 지내던 게으른 사람들에게 그대로 대부분을 빼앗겨야 한단 말입니까?"

"너는 말을 참 못 알아듣는구나. 천상에서 너의 모든 것을 빼앗는다더냐? 네 수익의 반만 국가에서 관리하여 공평하게 너를 포함한 사람들과 나눈다는 것이다. 너 또한 그것을 받을 것이고 네 아이도 받을 것이며 혹시 네가 사업이 잘 안 되어 적자를 보게 되더라도 네가 살 수 있는 기본적인 돈을 국가에서 줄 것이니, 특히 큰 기업도 아닌, 언제 이익이 급감할지 알 수 없는 중소기업을 운영하는 자들은 오히려 이 판결을 환영해야 할 것 아니냐! 당장 눈앞의 손해만 자꾸 생각하고 삶의 오랜 기간을 종합적으로 생각하지 못하는구나. 더 잘 생각해 보거라."

잠시 후 판관은 천신에게 올릴 판결문을 작성하여 방에 붙였고 사람들은 이 판결문을 보기 위해 몰려들었다.

2. 토론: 직업 서열 문제

「직업 서열화 문제」에 대한 판결문

직업 서열화에 따른 여러 문제점을 해결하기 위해 아래와 같이 판결한다. 국가는 이를 2년 안에 시행하고 모든 관련 법령을 개정할 것을 명한다.

1. 국가는 모든 소득의 50%를 평등을 위한 세금(평등세)으로 징수하여 모든 국민에게 균등히 배분할 수 있도록 관련 제도를 개편한다. (국민연금, 건강보험, 고용보험, 공무원연금, 군인연금, 교육연금 기초연금, 상애연금 등 모두 폐지)

2. 공무원, 자영업자, 직장인, 프리랜서 등 소득이 있는 모든 사람은 자신의 소득의 50%를 국민 분배를 위해 납부한다.

3. 모든 평등세 납부액은 모든 국민에게 균등하게 배분한다.

4. 현재의 소득세는 현행대로 유지하되 소득 평등세 50%를 납부한 뒤 나머지 50% 소득 금액에 대하여만 소득세를 부과한다.

천상의 판관

2. 토론: 직업 서열 문제

이때 대기업 최고 고위 임원 한 사람이 이렇게 말했다.

"이 판결대로라면 저 같은 10억 소득의 사람은 소득의 50%인 5억을 평등세로 내고 또 나머지 소득에 대하여 또 소득세를 내면 소득이 거의 3분의 1로 줄어드는 것 아닙니까? 상류층이 되기 위해 평생 열심히 노력한 결과를 그렇게 수포로 만들다니 정말 너무 하시는군요. 제발 생각을 바꿔 주시기 바랍니다."

"상류층이라 했느냐? 네 그 생각부터가 되 먹지 못했구나. 그리고 상류층이 돈으로 되는 것이라고 생각하느냐? 참 어처구니가 없다. 어릴 때부터 교육을 다시 시작해야겠구나."

이때 국민연금을 담당하는 공무원이라는 자가 판결을 반대하며 이렇게 말했다.

"그건 안 될 말입니다. 그럼, 국가 전체 국민연금, 건강보험, 고용보험, 군인연금, 공무원연금, 교육자연금, 기초연금, 장애연금 등을 담당하던 모든 공무원은 갑자기 무슨 일을 하라는 겁니까? 아무런 할 일이 없는 것 아닙니까?"

"왜 하는 일이 없겠느냐? 일이 아주 단순, 간소화되어서 지금처럼 많은 공무원은 필요 없겠지. 하는 일이 없으면 일을 그만두어야지."

"무슨 말씀이십니까? 그들은 국가공무원입니다. 정년이 보장되어 있습니다."

"국가공무원법을 바꿔야지. 일반 민간 기업들은 사업이 잘 안 되 망하면 당연히 정리 해고되는데 국가공무원이라고 정년을 보장하는

2. 토론: 직업 서열 문제

것이 말이 되느냐? 그것도 천신께 올려 국가공무원법을 개정토록 지시하겠다."

"그게 무슨 말씀이십니까? 국가공무원을 해고하다니요? 그럼 공무원이 되기 위해 그렇게 노력한 사람들의 억울함은 어떻게 하시렵니까?"

"아직도 이해를 못 하는 구나. 일시적 억울함은 있겠지만 너희 아이들 세대부터는 완전히 다른 세상이 되어 있을 것이다. 그리고 빠르면 그 효과는 10년 안에 나타나 너희들 모두가 사람다운 삶을 살 게 될 것이다."

이 말을 듣고 있던 대학교수로 정년퇴직한 사람이 분통을 터트리면서 이렇게 말했다.

"공무원연금, 교육자연금, 군인연금 등을 타던 사람들의 불만은 어떻게 하시렵니까? 노후를 보장 받고 있는 사람들이 갑자기 그 액수가 엄청나게 줄어들 텐데요."

"연금 수령액이 줄어들긴 하겠지. 하지만 가슴에 손을 얹고 생각해 보거라. 공무원, 교육자, 군인 연금을 받는 너희들이 다른 민간 기업에서 열심히 일했던 자들보다 더 열심히 일했느냐? 자영업을 하면서 새벽부터 늦게까지 힘들게 살아온 자들보다 더 열심히 살았다고 자신 있게 말할 수 있느냐? 옛날 대학교수로 있던 너는 교수로 있을 때 평일 낮에도 바둑이나 두고 놀러만 다니지 않았느냐? 그 당시 대부분의 교수는 그렇게 편하게 지내지 않았느냐? 무슨 불만이 있다고 하는지 하늘에서 모든 것을 내려다보고 있던 나는 도대체 알 수가 없구나."

51. 우리 시대 직업은 그 역할을 다하고 있는가

2. 토론: 직업 서열 문제

불만을 가지고 모인 사람들은 어쩔 수 없이 천상의 판결을 받아들였고 판관은 그대로 천신에게 보고하여 재가 되었다.

2. 토론: 직업 서열 문제에 대하여 (1-1)

문제 1 제시문의 결과를 찬성하는지 반대하는지 그 이유를 세 가지 들면서 자신의 의견을 논술하고 다른 의견을 가진 사람을 설득하시오. (600~1,200자)

200자

400자

600자

2. 토론: 직업 서열 문제에 대하여 (1-2)

문제 1 제시문의 결과를 찬성하는지 반대하는지 그 이유를 세 가지 들면서 자신의 의견을 논술하고 다른 의견을 가진 사람을 설득하시오. (600~1,200자)

2. 토론: 직업 서열 문제에 대하여 (2)

문제 2 상대의 반대 의견에 대하여 논리적으로 반박하는 의견을 논술하시오.
(600자)

2. 토론: 직업 서열 문제에 대하여 (3)

문제 3 (1) 상대의 반대 의견과 합의한 내용을 그 구체적 이유와 함께 기술하시오. (2) 합의가 안 됐을 경우, 상대방 의견을 고려한 일부 수정된 자신의 의견을 도출하고 그 이유를 구체적으로 설명하시오. (600자)

3. 주제 토론: 직업의 서열 문제에 대하여

부조리한 억압에 대항하기 위한 냉철한 투쟁은
내가 약자라면 강하게 만들고
강자라면 고귀하게 만들 것이다.
행복의 조건이다.

〈위 글을 바탕으로 직업 서열 문제에 대하여 창작하시오.: 사회 비판 관점〉

51. 우리 시대 직업은 그 역할을 다하고 있는가

4. 천자문 (51/125)

堅(굳을 견) 持(가질 지) 雅(우아할 아) 操(잡을 조)

절조와 우아함을 가지고 지키면

好(좋을 호) 爵(벼슬 작) 自(스스로 자) 縻(얽을 미)

좋은 벼슬을 저절로 얻게 된다.

견지아조　　　호작자미

堅持雅操 이면　　好爵自縻 라.

절제와 고결함은 성공의 열쇠이다.

[한자 세 번, 뜻 한 번을 쓰시오]

소월의 명시 (김소월)

〈먼 후일〉 〈낭인의 봄〉 〈진달래꽃〉 〈엄마야 누나야〉
〈먼 후일〉 〈산유화〉 〈접동새〉 〈가는 길〉
〈초혼〉 〈개여울〉 〈예전엔 미처 몰랐어요〉
〈바라건대는 우리에게 우리의 보습 대일 땅이 있었더라면〉
〈나의 집〉 〈춘향과 이도령〉 〈금잔디〉 〈삭주구성〉
〈산〉 〈꿈〉 〈무덤〉 〈추회〉
〈첫사랑〉 〈왕십리〉 〈길〉 〈집 생각〉
〈바다〉 〈그를 꿈꾼 밤〉 〈어려 듣고 자라 배워 내가 안 것은〉
〈눈물이수르르 흘러납니다〉 〈새벽〉 〈바람의 봄〉 〈삼수갑산〉

독서 노트 (51)

[소월의 명시에 흐르는 정신(교훈)에 대하여]

1. 저자
: 김소월

2. 도서
: 소월의 명시

3. 독서노트
(1) 마음에 드는 열 가지 시에 흐르는 정신(감정, 감성)을, 각 시의 내용을 인용하면서 작성하시오. (각 100자)
(2) 마음에 드는 시, 한 편을 외워서 쓰시오.

4. 기간
: 2주

독서노트

(1) 마음에 드는 열 가지 시에 흐르는 정신(감정, 감성)을, 각 시의
내용을 인용하면서 작성하시오. (각 100자)

1.

2.

200자

3.

4.

400자

5.

600자

독서노트

(1) 마음에 드는 열 가지 시에 흐르는 정신(감정, 감성)을, 각 시의 내용을 인용하면서 작성하시오. (각 100자)

6.

7.

8.

9.

10.

독서노트

(2) 마음에 드는 시, 한 편을 외워서 쓰시오. (시험 예정, 연습)

200자

400자

600자

51. 우리 시대 직업은 그 역할을 다하고 있는가

독서노트

(2) 마음에 드는 시, 한 편을 외워서 쓰시오. (시험)

Summary

1. 나에 대하여

: 나는 어떤 직업을 갖고 싶은지 그리고 그 이유는 무엇인지, 구체적으로 설명하시오? (400자)

2. 토론

: 우리 시대 직업은 그 역할을 다하고 있는가?

3. 주제 토론

: 직업 서열 문제에 대하여

4. 천자문

5. 독서 노트

: 소월의 명시 (김소월)

우리 시대의 직업에 대하여

✿ 51. 우리 시대 직업은 그 역할을 다하고 있는 지에 대하여 자신의 생각을 종합하시오.

52. 우리 시대는 술과 정신 질환 문제에 대한 대처를 잘하고 있는가

술, 정신 질환 문제

52. 우리 시대는 술과 정신 질환 문제에 대한 대처를 잘하고 있는가

✿

✿

1. 나에 대하여

문제 나는 심신 미약 (술, 정신 질환) 범죄에 대해 어떻게 대처하겠는가? (400자)

200자

400자

52. 우리 시대는 술과 정신 질환 문제에 대한 대처를 잘하고 있는가

2. 토론

술, 정신 질환 문제에 대하여

4. 우리 시대는 술과 정신 질환 문제에 대한 대처를 잘하고 있는가

이번 불만은 술을 먹고 술주정하는 사람들에 대해 호소를 하는 내용이었다. 그 피해를 본 어떤 사람이 이렇게 말했다.

"나라가 이상합니다. 술을 먹고 주정을 하고 다른 사람에게 피해를 주어도 술을 먹었다는 이유로 너그러이 봐 달라는 사람들이 많고 술을 먹고 취하는 것을 너무 당연시하고 있습니다."

판관은 이렇게 말했다.

"그래, 술이야 먹을 수 있지만, 술에 취하도록 먹는 것은 어리석은 일이지. 어떤 일이 있었는데 그러느냐?"

"제 아이가 술에 취한 사람에게 폭행을 당했는데 재판 결과 술에 취했으니 심신 미약으로 처벌할 수 없다고 합니다. 술에 취해 사물의 선악을 판단하기 어려운 상태였기 때문에 그 사람을 처벌할 수 없다고 합니다. 벌어진 죄와 결과는 동일한데 술을 먹었다고 불처벌을 인정해야 한다는 말입니까? 제 아이의 고통을 생각하면 도저히 그 판결을 받아들일 수 없습니다."

"뭐라고? 범죄를 저질렀는데 술에 취했다고 그 죄를 묻지 않는다고 했느냐? 무슨 말도 안 되는 소리를 하느냐. 그럼 범죄를 저지르려 하는 사람은 누구든지 먼저 술을 먹겠구나. 네가 무언가 잘못 안 것은 아니냐?"

"제 자식의 문제입니다. 제가 그것을 잘못 알 리는 없습니다. 제 아이의 경우뿐 아니라 많은 사건에서 술에 취해서 한 행위를 사람이

2. 토론: 술, 정신 질환 문제

아닌 술의 탓으로 돌려 죄를 감해 주고 있습니다. 정말 술의 탓인지 술을 핑계로 교묘히 벗어나려고 하는지 저로서는 알 수 없습니다."

"알겠다. 내가 직접 조사해 보겠다. 사자는 저 사람 자식의 판결에 관여한 사람들을 모두 불러오너라."

사자는 즉시 그 사건과 관련된 피해자, 가해자, 경찰관, 검사, 변호사, 판사 등 관련된 사람을 모두 판관에게 데리고 왔다. 먼저, 고발자의 아들, 피해자에게 자세한 사정을 물었고 그는 이렇게 말했다.

"학교에서 공부하다 좀 늦게 집으로 가는 길이었습니다. 지나가는 사람과 살짝 스쳤고 저는 미안하다는 말과 함께 지나가려고 했습니다. 그 사람은 저를 불러 세워 사과를 하라고 해서 다시 한번 사과를 했는데 갑자기 저에게 주먹을 휘둘렀습니다. 지나가는 행인이 이 광경을 보고 경찰서에 신고했고 제가 말씀 드린 내용은 경찰과 함께 확인한 녹화 영상에도 그대로 기록되어 있습니다. 폭행으로 제 갈비뼈와 코뼈가 부러졌고 대입 수능 시험도 보지 못해 제 인생에 막대한 피해를 보았습니다."

"그렇구나. 그 정도면 엄히 다스려야 할 중범죄구나. 판결이 어떻게 나왔느냐?"

"벌금형 외에 그 폭행자는 아무런 처벌도 받지 않았습니다."

"조금 이상하구나. 사람을 폭행해 뼈를 부러뜨렸는데 그 정도의 처벌이 말이 되느냐? 무슨 사정이 있겠지. 그 판결을 한 판사는 어떻게 그런 판결을 했는지 이유를 말해 보거라."

"제가 그 사건을 담당했던 판사입니다. 피고, 폭행자는 나이 어린 학생을 폭행하여 육체적, 정신적 피해를 준 점은 충분히 징역형의 엄한 벌을 받아 마땅하나, 피고인은 친구들과 술을 마시고 만취한 상태였으며 그가 폭행을 가했다는 사실조차 정확히 인지하지 못하고 있습니다. 그가 한 행위는 그의 의지에 의해서가 아니라 미약한 심신 상태에 의해 발생한 행위이므로 크게 벌할 수는 없다는 것이 판결의 요지입니다."

"그럼, 피해자는 있는데 가해자는 없다는 말이냐? 그럼, 가해자가 술이냐? 술 제조 회사에서 모든 책임을 지는 것이냐?"

"그건 아닙니다."

"그렇다면 국가가 그 책임을 져 주겠지?"

"국가는 상관하지 않습니다."

"그러면, 피해자는 누구에게 호소한단 말이냐? 기이한 곳이구나. 어떻게 심신 미약이 본인의 책임이 아니라는 판결을 내린단 말이냐? 그럼 정신병 증상을 가진 조현병 환자도 처벌이 가벼워지는가?"

"그렇습니다."

"국가가 사람들을 잠재적 술주정뱅이에 잠재적 정신병자를 만드는구나. 이와 같은 판결을 하는 논리적, 철학적 근거를 댈 사람 있느냐? 조현병 환자도 동일하거나 더 엄격하게 다루어야 정신 이상적 증상자도 더욱 주의할 것이고 주변 보호자 또는 보호 기관도 더욱 긴장하여 정신병 환자의 범죄에 관해 관심을 가질 것이 아니냐. 이를 그대로 내버려 두면 언제 어디서 어떤 봉변을 당할지 모르는 불안한 사회가 되는 것이다. 재력 있는 자들이나 지위가 높은 자들은

2. 토론: 술, 정신 질환 문제

이들로부터 쉽게 보호되기 때문에 오히려 자신의 특권을 드러내기 위해, 그리고 보통 사람들을 살기 어렵게 만들어 자신의 지위에 대한 특권을 느끼기 위해 의도된 판결이 아닌가 하는 의심이 든다. 술 취한 자들에 대한 경미한 판결에 대해서도 그렇다. 재력이 있거나 지위가 있는 자들은 자신의 신변을 보호할 수 있기 때문에 술 취한 자들로부터 피해를 받는 일이 거의 없고 오히려 자신이 술에 취해 사람들에게 피해를 줄 일이 훨씬 많기 때문에 이에 대비해서 술 취한 사람들에 의한 범죄를 의도적으로 형량을 낮추어, 자신의 범죄에 대한 경미한 판결을 받기 위해 미리 대비를 하는 것 아니냐. 지상의 판사들은 모두 그들 편이냐? 지상의 삶은 형편 없이 돌아가고 있구나. 도대체 술은 왜 먹는단 말인가?"

이때 술을 좋아하는 대학에서 일하는 한 지성인이 이에 대해 이렇게 말했다.

"판관께서는 술에 대해 잘 모르시는 것 같습니다. 술은 다섯 가지 좋은 점이 있습니다. 첫째, 술은 사람들 사이에서 그것을 매개로 같은 분위기, 같은 감정을 만들어 서로 동질감을 가질 수 있도록 해줍니다. 둘째, 술은 힘들고 슬픈 현실을 잊게 해주어 삶의 스트레스를 풀어주고 활력을 줍니다. 셋째, 술은 깨어 있는 상태에서는 도저히 할 수 없는 행동과 말을 할 수 있게 용기를 주어 사람들 사이의 마음속에 숨겨진 갈등을 풀어주고 서로 더욱 가까워지게 해주는 역할을 하는데 이는 취중에 하는 말과 행동을 통해 상대의 진심을 알 수 있기 때문입니다. 넷째, 술은 부끄러움을 잊게 하여 고상한 척하는 사람, 숭고한 척하는 사람들의 도덕심을 마취시키며 이로써 조금은 타락할 수밖에 없는 우리 일반 대중에게 모든 사람이 똑같고 다르지 않다는 안도감을 줍니다. 이 안도감은 대단히 중요해서 이를 거부하는 사람들은 우리 사회의 일원으로 받아들이지 않도록 서로 알게 모르게 강요하고 또 강요받고 있습니다. 이 술 문화를 따르지 않으면 사회성, 수용성, 공감 능력, 지도력이 부족하다고 보면 됩니다. 다섯째, 술은 마취한 듯 하늘에 떠 있는 듯 즐거움을 줍니다. 이는 술을 포기하지 못할 충분한 이유가 됩니다."

이 노학자는 자신이 생각하는 술의 이점과 필요성을 자랑스럽게 이야기하면서 판관도 이에 동의할 것으로 은근히 확신하는 듯한 눈치였다. 그러나 판관의 대답은 전혀 달랐다.

"지금 무어라고 했느냐? 내 귀가 들은 것이 사실인지 의심스럽다. 제정신이 아니구나. 결국, 술을 마약처럼 사용하여 자신의 이성을 넘어 자신을 제어하지 못하도록 하는 매개로 사용하겠다는 말이 아니냐. 예부터 진짜 지성인들은 술을 그대로 먹지 않고 물을 타 먹었다. 분위기 때문에 먹기는 하겠지만 취하지 않기 위해서이다. 네가 대학에서 학생들을 가르치는 선생이란 말이냐? 선생은 죽을 때까지 단 한 순간도 정신을 놓아선 안 된다. 제자를 그리고 사람을 가르치겠다는 사람이 술을 찬양하고 술에 취하는 것을 부끄럽지 않게 생각하다니 정말 어처구니가 없구나. 자, 어리석은 자의 술에 대한 찬사는 들을 필요 없고 다시 지상 판사의 판결로 돌아가 변호사 이야기를 좀 들어보자. 도대체 술을 먹었다고 죄를 가볍게 하려고 변호를 하는 이유가 무엇이냐? 그리고 무슨 근거를 들어 죄가 가볍다고 주장하려 하느냐?"

이에 변호사는 이렇게 말했다.

2. 토론: 술, 정신 질환 문제

"판관님, 들어보십시오. 두 친구가 즐겁게 술을 마시다가 크게 취해 버려 취중에 자신이 무슨 일을 한 줄도 모르고 친구를 밀어 넘어뜨려 크게 다치게 했다고 할 경우입니다. 그 결과는 사람을 크게 다치게 했으니 분명히 좋지 않은 결과는 있지만, 그 의도에 있어 악한 감정이나 범죄의 의도는 전혀 없을 수 있습니다. 이때 우리는 술에 취한 가해자를 처벌한다면 오히려 선한 공동체를 만들려는 법감정에 위배될 것입니다. 그렇게 범죄에 대한 의도가 전혀 없는 행위에 대하여 죄를 경감해 주는 것은 자연법적 관점에서도 문제가 없다고 생각합니다. 그러므로 결과는 좋지 않지만, 술 취한 범죄 행위에서 자의적 의도가 있었는지, 없었는지에 대한 변호는 필요하다고 생각합니다. 그리고 많은 경우, 이미 이를 인정받기도 했습니다."

"기가 막히는구나. 지상 사람들의 생각을 도대체 무엇이 이렇게 비정상적으로 만들어놓았단 말이냐. 자신의 행위는 그것이 어떠한 경우에 있어서도, 즉, 화가 나 있던지, 술을 먹었던지, 정신병을 앓던지, 우울증을 앓던지, 그것이 무슨 상관이냐. 자기 일에 책임을 지도록 천상의 신이 명령했거늘 너희들이 무엇을 안다고 그것을 함부로 바꾸느냐? 화가 얼마나 나 있는지, 정말 어느 정도 취해 있는지, 정신병은 어느 정도인지, 우울증은 그 정도가 어떤지 너희가 그들 당사자의 정신 상태를 어떻게 알 수가 있다고 그것을 판단하려 하느냐? 잘 모른다면 예외 없이 모든 경우에 동일하게 적용하는 것만이 정의로운 것이다. 그렇지 않으면 그 틈을 비집고 불의와 거짓이 이익과 결탁하여 사람을 병들게 하는 법이다. 이것을 고려하여 천신께서 모든 경우 동일하게 판결하라고 명하였거늘 정신이 다 나갔구나. 이것은 술을 파는 회사들이 국가와 결탁하여 술을 더 팔기 위한 더러운

2. 토론: 술, 정신 질환 문제

결탁이 있을 수 있고, 힘 있는 자들이 술을 통한 자신의 즐거움을 보호받기 위한 어두운 거래가 있을 수 있으며, 사회적 약자들을 불안에 떨게 하여 자신의 힘에 의존하게 하려는 악랄한 음모가 숨어 있을 수 있다. 이를 고치지 않으면 힘없는 약자들은 술 취한 강자들의 먹잇감으로 전락할 것이다. 하늘의 판관으로 이는 반드시 고쳐 놓을 것이다. 이번에는 그 재판의 검사가 의견을 말해 보거라. 설마 검사도 술 취한 자의 범죄에 경미한 처벌을 구형하는 것은 아니겠지."

담당 검사는 난처한 표정을 지으며 자신의 의견을 말했다. 그 또한 술에 대해서는 경미한 처벌이 필요하다고 생각하고 있는 것 같았다.

"술은 강자들만 마시는 것이 아닙니다. 사실, 부자들이나 지위가 있는 자들은 술이 아니더라도 다른 즐거운 일을 찾을 수 있지만, 가난하고 약한 자들은 그들이 할 수 있는 어쩌면 유일한 즐거움이 술을 마시고 취하는 것이며 이에 따라 범죄의 상당 부분도 힘없고 약한 자들에 의해 저질러지고 있습니다. 그러므로 술에 취해 저지르는 범죄에 대해 경미하게 처리하는 것은 힘없는 약자들을 위해 더욱 필요한 일인지도 모릅니다. 판관께서 무조건 술에 대해 부정적으로 말씀하시는 것은 힘없는 자들의 유일한 위안거리를 없애려 하는 것입니다. 판결에 고려해 주시기 바랍니다."

"참, 조금 공부했다는 자가 하는 말이 힘없는 약자가 할 수 있는 즐거움이 술밖에 없다고 하는 것이냐? 그것이 바로 딱 네 정신 수준이구나. 즐거움을 술에서 찾는 것은 천상에서는 악마들이나 하는 짓이다. 그것을 너희들이 잘못 배워 지상에서 쓰려 하는구나. 즐거움에는 고귀한 일을 하는 즐거움, 숭고한 일을 하는 즐거움, 멋진 일을 하는 즐거움, 남을 위해 살아가는 즐거움, 산속에서 천천히 거니는 즐거움, 작은 동네 길을 걷는 즐거움, 마을 작은 공원을 산책하는 즐거움, 아이들과 함께 웃는 즐거움, 파란 하늘을 보는 즐거움, 친구들과 이야기를 나누는 즐거움, 열심히 일하는 즐거움, 어려운 일을 해결해 가는 즐거움, 아침에 일어나는 즐거움, 살아 숨 쉬는 즐거움, 즐거움을 느끼는 즐거움, 소박하고 담백한 식사를 하는 즐거움, 배가 고파 식사를 준비하는 즐거움, 친구를 기다리는 즐거움, 우리 일상은 모두 즐거움이다. 도대체 다른 즐거움이 없어 술을 먹어야 즐겁다는 자들은 인생을 그렇게 모른단 말이냐. 검사라는 자가 술에 대해 그런 생각을 하고 있으니 제대로 처벌이 될 리가 없겠구나. 어떻게 하다 술을 먹고 취하는 것에 대해 관대하게 되었는지 몰라도 이번에 그것을 바로 잡아야겠다. 우선, 판결하겠다."

잠시 후 천신께 올릴 판결문을 보고 평소 술을 즐기는 사람들의 불만이 터져 나왔다. 어떤 국회의원 한 친구가 판관에게 따지듯이 이렇게 말했다.

"판관님, 이는 술을 먹지 말라는 말 아닙니까? 술은 취하기 위해서 먹는 것이고 취하다 보면 자신이 어느 정도 취했는지 모르고 먹게 되어 있는데 취하기만 하면 벌금, 그곳도 연봉의 50%를 벌금으로 부과한다는 것은 금주령과 다를 바 없지 않습니까? 인간의 역사와 술은 항상 같이해 왔습니다. 기쁜 일을 축하해 주고 슬픈 일을 위로해 주며 사람과 대소사를 함께 해 온 술을 그렇게 악의 기원처럼 취급하시는 것은 무언가 잘못 생각하신 것 아닌가 합니다."

「술에 취한 사람들, 정신 질환에 걸린 사람들 문제」에 대한 판결문

술에 취하거나 정신 질환에 의해 일어나는 여러 문제점을 해결하기 위해 아래와 같이 판결한다. 국가는 이를 6개월 안에 즉시 시행하고 모든 관계 법령을 개정할 것을 명한다. 정신병에 대한 국가 지원책도 같이 검토한다.

1. 술을 취하도록 먹는 자에 대하여 음주 단속을 하고 기준치를 넘으면 자기 1년 소득의 50%를 벌금으로 납부한다.

2. 술에 취해 타인에게 행패를 부리거나 소란을 떨면 최소 10년 형에 처한다. 술에 취해 행한 범죄의 형량은 술 취하지 않은 사람의 형량보다 두 배를 과한다. 이에 어떤 예외도 없다.

3. 술을 억지로 권한 자는 모든 직무를 정지시키고 자신의 1년 소득의 50%를 벌금으로 예외 없이 납부한다.

4. 정신 질환에 의한 소란과 범죄도 술에 취한 자의 범죄에 준해 더욱 엄격히 처벌하며 어떤 예외 조항도 두지 않는다.

천상의 판관

2. 토론: 술, 정신 질환 문제

"참으로 지상에서 배웠다고 하는 자들은 답답하기 그지없구나. 내가 언제 술을 먹지 말라고 했느냐. 술을 먹고 만취하여 이성을 잃고 타인에게 피해를 주는 것에 대해서만 벌을 주겠다는 말 아니냐. 그것이 무슨 문제이냐. 취하기 전까지 즐겁게 마시면 될 것 아니냐. 옛 그리스인들이 했던 것처럼 술에 엄청난 물을 타 먹으면 취하지 않을 것 아니냐. 너희들이 취하고 싶은 것은 맨정신에 못 했던 것들을 술의 힘을 빌어 하고자 함일 터인데, 이는 자신 내면에 있는 비이성적이고 악한 욕망을 술 핑계로 하려고 하는 것 아니냐. 지금 천상의 판관이 자신의 악한 욕망을 해소할 좋은 변명거리를 없애려 하니 반대하는 것 아니냐. 솔직히 말해 보아라."

"사실, 그렇습니다. 하지만 그렇게라도 하지 않으면 열심히 노력하고 성공하여, 돈도 있고 힘도 있는데 아무런 좋은 점이 없는 것 아닙니까? 성공한 자들이 그 정도의 특권을 갖는 것이 무엇이 잘못입니까? 그리고 그런 특권이 없다면 사람들이 성공하려 할 이유가 없지 않습니까?"

"드디어 네 본성이 드러나는구나. 너 같은 국회의원 때문이라도 이 술에 관한 판결은 내가 반드시 천신께 관철해야겠다. 다른 의견은 없느냐?"

이때 자신을 먹고살기 위해 물건을 팔아야 하는 영업사원이라 하면서 술에 관한 판결에 대해 이렇게 말했다.

"저는 조금 큰 회사에서 일하는 평범한 영업사원입니다. 회사 생활을 하다 보면 술 마시기를 원하는 상사나 부하 사원들이 있고 원만한 조직 생활을 위해서는 할 수 없이 술을 마시게 되고 또 때에 따라 취하지 않을 수 없습니다. 거기에 영업하다 보면 거래처 사람들에게 술을 접대해야 하는 경우가 많은데 그때마다 취하지 않을 정도로만 술을 마시는 것은 불가능에 가깝습니다. 고객들이 서로 술에 취해 이런저런 일을 같이하기를 바라기 때문입니다. 그것을 맞추어 주지 못하면 거래 실적이 떨어지고 회사에서 버티지 못하게 될지 모릅니다. 저에게 있어서 술과 그에 취함은 생계를 위한 업무의 일부분인데 어떻게 술에 절대 취하지 않을 수 있겠습니까?"

"그래, 네 말은 일을 위해 어쩔 수 없이 술을 먹고 또 취할 수밖에 없으니 이해해 달라는 말이구나. 그렇다면 이제부터 그건 걱정하지 않아도 된다. 판결 내용이 시행되면 그 누구도 그렇게 술을 먹자는 사람들이 아무도 없을 테니 말이다. 그리고 직장인들이 너처럼 말하고 불평하는 사람들이 있다만 내가 마음속을 뚫어 보니 사실은 그것은 핑계이고 자기 스스로 술을 먹고 싶어 하는 자들이 대부분이었다. 고객 핑계, 회사 상사 핑계, 회사 부하와의 조직 관리 핑계를 대고 스스로 즐기는 것이었다. 지금 반대하는 것도 자신의 즐거움이 사라지는 것에 대해 불만을 토로하는 것 아니냐? 나는 천상의 판관이기 때문에 네 마음속을 모두 다 알고 있으니 더 이상 다른 핑계를 댈 필요 없다. 전부들 자신의 욕망 해소를 위한 술 핑계가 방해되고 억압될까 걱정들이구나. 지상의 철학자, 교육자들은 수 천 년 동안 무엇을 했는지 모르겠다. 사람들이 욕망을 술로써 푸는 방법밖에는 아는 게 없으니 말이다. 이제부터는 마음을 다시 먹고 살아가기 바란다. 이것 말고 다른 의견은 없느냐?"

이때 처음 판결부터 계속 같이 있었던 어린 소년이 천천히 그리고 차분히 이렇게 말했다.

2. 토론: 술, 정신 질환 문제

"술은 즐거운 일과 슬픈 일과 같이한다고 했는데, 오히려 두 경우 모두 좋지 않은 결과를 일으킵니다. 즐거움은 반감시키고 슬픔은 더욱 크게 만드는 것이죠. 거기에 술에 취해 무슨 실수라도 하게 되면 즐거움은 불행으로 둔갑하고 슬픔은 절망의 나락으로 떨어집니다. 술을 만들어 파는 회사의 상술에 의해 오랫동안 기만당해 온 사람들이 이제 술의 정체를 바로 알기를 바랍니다. 술은 옛날 부정한 권력자들이 사람들의 약점을 잡기 위해 술을 먹여 그들의 치명적 실수를 유도하고 그것을 약점으로 잡아 그들을 조정하는 수단으로 사용했던 사악한 독물입니다. 이 사악한 물이 수천 년 동안 사라지지 않았다는 것을 보면 악마, 벨페고르와 아스모테우스가 인간을 내버려 두지 않았나 봅니다."

이때 정신 질환을 앓고 있는 한 사람이 불만스러운 표정으로 천상의 판관에게 이렇게 말했다,

"저는 단지 병을 앓고 있을 뿐입니다. 내가 무슨 일을 하고 있는지도 모르는데 그것이 범죄 행위라고 처벌한다는 것은 병자의 인권을 고려하지 않는 처사입니다. 사람들도 이를 알고 저희를 고려해 주는데, 어찌 천상의 판관께서 고려하지 않는단 말입니까?"

"너 또한 하나만 알고 둘은 모르는구나. 정신 질환 환자들은 자신의 증상으로 다른 사람에게 해를 입히는 범죄를 저지를 때, 대부분의 경우 자신보다 약한 자를 그 대상으로 한다. 그 이유는 정신적 이상 상태에서도 인간은 본능적으로 자신에게 더 큰 해가 돌아올 수 있는지 없는지를 판단해 행동하기 때문이다. 그러므로 정신병 발현에 의한 범죄 행위가 오히려 더욱더 그들에게 해가 된다는 것을 각

인시킬 필요가 있다. 왜냐하면 이를 통해 마치 자신보다 위협적인 사람에게 정신병적 증상과 범죄 행위를 저지르지 않는 것과 같은 효과로 범죄를 방지하는 효과를 주기 때문이다. 이처럼 정신 질환을 가진 자가 사회생활에서 범죄를 저지르지 않는다는 것이 계속 검증된다면 그들은 사회에서 크게 격리되지 않고 정신 질환을 극복할 기회를 더욱 많이 가지게 될 것이다. 그들을 고려한다고 범죄에 대한 처벌을 면해준다면 범죄를 저지르는 것을 자신의 특권처럼 여기게 되고 이는 그들을 우리 사회에서 공간적 뿐만 아니라 정신적으로도 격리하는 일이 될 것이다. 이것이 정신 질환자의 범죄에 대해 절대로 죄를 경감하거나 면해주어서는 안 되는 이유이다."

결국 사람들은 판관의 판결을 따를 수 밖에 없었고 천신은 판관의 판결의 집행을 승인했다. 조금 후, 이번에는 어떤 장년 부부가 판관에게 다가가 자신의 억울함을 호소했다.

2. 토론: 술, 정신 질환 문제에 대하여 (1-1)

문제 1 제시문의 결과를 찬성하는지 반대하는지 그 이유를 세 가지 들면서 자신의 의견을 논술하고 다른 의견을 가진 사람을 설득하시오. (600~1,200자)

2. 토론: 술, 정신 질환 문제에 대하여 (1-2)

문제 1 제시문의 결과를 찬성하는지 반대하는지 그 이유를 세 가지 들면서 자신의 의견을 논술하고 다른 의견을 가진 사람을 설득하시오. (600~1,200자)

2. 토론: 술, 정신 질환 문제에 대하여 (2)

문제 2 상대의 반대 의견에 대하여 논리적으로 반박하는 의견을 논술하시오. (600자)

2. 토론: 술, 정신 질환 문제에 대하여 (3)

문제 3 (1) 상대의 반대 의견과 합의한 내용을 그 구체적 이유와 함께 기술하시오. (2) 합의가 안 됐을 경우, 상대방 의견을 고려한 일부 수정된 자신의 의견을 도출하고 그 이유를 구체적으로 설명하시오. (600자)

3. 주제 토론: 술, 정신 질환 문제에 대하여

생각은 나를 만드는 나무를 준비하는 것이고
행위는 나를 조각하는 것이다.
조각되기 전에는 무엇인지 알 수 없다.

〈위 글을 바탕으로 술, 정신 질환 문제에 대하여 창작하시오.: 사회 비판 관점〉

4. 천자문 (52/125)

都(도읍 도) 邑(고을 읍) 華(빛날 화) 夏(여름 하)

도읍은 여름처럼 화려하지만

東(동녘 동) 西(서녘 서) 二(두 이) 京(서울 경)

동경 낙양, 서경 장안밖에 없다.

도읍화하   동서이경

都邑華夏 이나   東西二京 이라.

즐거움과 화려함을 추구하면 대부분의 시간은 초라할 것이다.

[한자 세 번, 뜻 한 번을 쓰시오]

인문고전 추천 52

자유론 (존 S 밀)

　존 스튜어트 밀(John Stuart Mill, 1806년 5월 20일~1873년 5월 7일)은 영국의 사회학자, 철학자이자 정치경제학자로서, 논리학, 윤리학, 정치학, 사회평론 등에 걸쳐서 방대한 저술을 남겼다. 경험주의 인식론과 공리주의 윤리학, 그리고 자유주의적 정치경제사상을 바탕으로 현실 정치에도 적극적으로 참여해서 하원의원을 지내기도 했다. 그의 공리주의는 대부이자 스승이었던 벤담으로부터 물려받은 것이지만, 여기에 생시몽주의와 낭만주의를 가미해서 나름의 체계로 발전시켰다. 저술로는 『논리학체계』, 『정치경제학원리』, 『자유론』 등, 전 33권으로 이루어진 전집("Collected Works of John Stuart Mill", University of Toronto Press)이 있다.

독서 노트 (52)

[자유론에 흐르는 정신(교훈)에 대하여]

1. 저자
    : 존 S 밀

2. 도서
    : 자유론

3. 독서노트
    (1) 중요한 열 가지 이야기를 기술하시오. (각 100자)
    (2) 자유론에 흐르는 세 가지 정신(교훈)을, 내용을 인용하면서 각각 설명하시오. (각 250자)

4. 기간
    : 2주

독서노트

(1) 중요한 열 가지 이야기를 기술하시오. (각 100자)

1.

2.

3.

4.

5.

독서노트

(1) 중요한 열 가지 이야기를 기술하시오. (각 100자)

6.

7.

200자

8.

9.

400자

10.

600자

독서노트

(2) 자유론에 흐르는 세 가지 정신(교훈)을, 내용을 인용하면서 각각 설명하시오.
(각 250자)

1.

2.

3.

Summary

1. 나에 대하여

: 나는 심신 미약 (술, 정신 질환) 범죄에 대해 어떻게 대처하겠는가?

 (400자)

2. 토론

: 우리 시대는 술과 정신 질환 문제에 대한 대처를 잘하고 있는가?

3. 주제 토론

: 술, 정신 질환 문제에 대하여

4. 천자문

5. 독서 노트

: 자유론 (존 S 밀)

우리 시대, 술과 정신 질환 문제에 대하여

✿ 52. 우리 시대는 술과 정신 질환 문제에 대한 대처를 잘하고 있는지 자신의 생각을 종합하시오.

53. 우리 시대는 부동산 등 불로소득을 잘 징계하고 있는가

부동산, 불로소득 문제

53. 우리 시대는 부동산 등 불로소득을 잘 징계하고 있는가

✿

✿

1. 나에 대하여

문제 불로소득 50억이 생기면 무엇을 하겠는가? (400자)

200자

400자

53. 우리 시대는 부동산 등 불로소득을 잘 징계하고 있는가

2. 토론

부동산 등 불로소득 문제에 대하여

5. 우리 시대는 부동산 등 불로소득을 잘 징계하고 있는가

그래, 너희는 무슨 불만으로 여기에 왔느냐? 무엇이 문제인지 자세히 말해 보거라.

"나라가 불공평합니다. 저는 젊었을 때부터 열심히 일했지만 집 한 채 갖지 못하고 전세로 살고 있는데 어떤 사람들은 어쩌다 집을 가지고 있어 그 집이 제가 평생 모은 돈보다도 더 많은 돈을 벌게 해 줍니다. 아무런 일도 하지 않고 그냥 집이 제 평생의 수고보다 더 많은 돈을 벌게 해주니 이것은 무언가 공평하지도 정의롭지도 않은 것 같아, 자신의 삶과 국가에 분노를 느낍니다. 이를 어떻게 해결해 주시기를 바라는 마음에서 이렇게 여기까지 오게 됐습니다."

"그건 또 무슨 말이냐? 가만히 가지고만 있는 집이 네가 평생 모은 돈보나 너 많이 벌게 해 준다고? 그럴 리가 있겠느냐? 사람들과 국가가 바보가 아닌 이상, 그런 일을 내버려 두겠느냐?"

"사람의 마음은 꿰뚫어 보시지만 지상의 제도에 대해서는 잘 모르시는 것 같습니다. 지상에는 개인 재산권이란 것이 있어 자신의 재산을 자신이 소유하고 상속하고 합니다. 개인 재산의 소유를 제가 불만을 가지는 것이 아닙니다. 일정 금액을 주고 샀으면 일정 국가 금리 정도의 재산 상승은 충분히 이해가 갑니다. 예를 들면 5억짜리 집을 5년 소유했을 때 대략적으로 10% 정도 상승한다면 누구나 그 것을 인정할 것입니다. 그런데 지금 지상에서는 10%의 스무 배, 200%가 오릅니다. 5억짜리 집이 10억이 되는 것이지요. 이것은 돈 있는 사람이 집을 사 놓으면 매년 1억씩 돈을 버는 것과 같습니다.

2. 토론: 부동산, 불로소득 문제

이는 보통 사람 평균 임금의 3배 이상의 소득이 됩니다. 이런 부조리를 이해 당사자는 물론 국가도 묵시하고 있습니다. 자유 민주주의, 자본주의란 이름으로 부조리를 용인하고 있는 것입니다."

"그래도 이 문제는 그렇게 어려울 것 같지는 않구나. 당연히 값이 오른 집을 팔 때, 금리 이상의 초과 소득을 국가에서 환수하면 될 것 아니냐?"

"그게 그렇게 간단치가 않습니다. 집을 가진 사람의 수도 적지 않아 그들의 반대도 만만치 않고 법을 만드는 국회의원도 이미 집을 가지고 있어 자신의 재산이 국가에 귀속되는 것을 이 핑계, 저 핑계 대면서 피하고 있기 때문입니다."

"참, 인간은 답답한 족속이구나. 바로 옆에서 불로소득을 얻고 있는데 그것에 저항하지 않고 참고만 있다는 말이냐. 정말 착해서 그런지, 어리석어서 그런지 잘 모르겠구나. 당연히 그런 정책을 펴는 정부는 전복시키고 새로운 정부를 세워야 하지 않겠느냐?"

"새로운 정부를 세우는 방법은 현재로서는 새로운 정당과 대통령을 뽑는 것인데 그 어느 정당의 국회의원이나 대통령 후보도 그런 정책을 내놓지 못하고 있습니다. 그 이유는 자유 민주주의 국가, 자본주의 국가가 가지는 사유 재산 존중 전통 때문입니다."

"또 자본주의 타령, 민주주의 타령이구나. 자본주의, 민주주의가 지상에서 유행한 지 벌써 100년이 넘었는데 그것을 벗어날 만한 새로운 철학을 만들지 못했단 말이냐. 지상의 철학자들이 모두 게으르고 나태해졌나 보구나. 자, 사자는 지금 지상에서 철학을 하는 사람, 몇 사람을 당장 데리고 오너라."

2. 토론: 부동산, 불로소득 문제

사자들은 즉시 현재 지상에서 가장 저명한 철학자 두 명을 데리고 왔고 천상의 판관이 어떤 이야기를 듣고 싶어 하는지를 데리고 오는 길에 설명해 주었다. 그중 한 명의 철학자가 이렇게 말했다.

"판관께 말씀드립니다. 국가가 개인이 가진 불로소득 재산을 세금으로 환수하지 못하는 이유는 크게 두 가지 이유가 있습니다. 우선, 노동의 경계가 불분명해서 그것이 과연 불로소득인지를 정확히 알 수 없다는 것, 그리고 불법이 아닌 한 사람들이 가진 모든 재산은 자본주의에 의해, 민주주의에 의해 보호되어야 한다는 것입니다. 판관께서는 자본주의와 민주주의를 100년 넘은 낡은 것이라고 하시는데 저는 반대로 100년밖에 안 된 지금 한창 꽃피고 있는 사상이라고 생각합니다. 주택을 구입하여 불로소득을 얻는 것도 어떤 의미에서는 정당하게 투자를 하고 그것으로 이득을 얻는 일반 경제 활동과 크게 다르지 않습니다. 만일 부동산 투자와 같은 정당한 경제 활동마저 금지된다면 지상의 부를 통한 발전은 더 이상 기대할 수 없을지도 모릅니다."

"결국, 자신의 무능함을 인정하지 않는구나. 세상은 10년마다 다른 세상이 되어 가는데 100년이 훨씬 넘은 자본주의를 지금 한창이라고 뻔뻔스럽게 이야기하는구나. 그리고 노동과 비노동의 경계가 불분명하다고 했느냐? 어리석기 그지없구나. 땀을 흘리고 돈을 벌면 노동이고 땀을 흘리지 않고 돈을 벌면 그것은 비노동이다. 자신이 땀 흘린 것만큼의 보상은 정당한 소득이고 자신의 땀 이상의 소득이 있었다면 그것은 불로소득이다."

"하지만, 자본주의에서는 자본의 투자라는 것도 있습니다. 이는 정당하게 보상받아야 합니다."

"투자라고 했느냐? 너는 투자와 투기도 구분을 못 하느냐? 투자는 자신의 이익과 동시에 일반 대중도 함께 이익을 볼 때 투자라고 하는 것이다. 주식의 경우, 자신도 이익이고 회사도 이익이고 주식에 투자한 다른 모든 이들이 이익을 볼 때 비로소 투자가 되는 것이다. 물론 현재 지상의 주식 상황은 투자라고 보기 어렵다. 부동산도 마찬가지이다. 부동산을 투자하여 산업이 발전되고 모든 사람들이 그 이익을 본다면 투자가 되지만 부동산이 올라 그것으로 다른 대중들이 피해를 본다면 그것은 명백한 투기이다. 투기와 투자를 구분도 하지 못하니 너와 같은 이상한 생각을 하게 되는 것이다."

이 말에 첫 번째 철학자는 사람들 속으로 사라졌다. 이때, 두 번째 철학자가 새로운 철학에 대해서 이렇게 말했다.

"판관님이 말씀하시는 우리 시대 새로운 철학 부재에 대한 비판은 그럴듯하고 정당합니다. 말씀하신 대로 지상의 모든 철학자는 통렬히 반성해야 한다고 저도 생각합니다. 지상의 철학자로서 할 말이 없습니다. 지금 지상은 철저히 철학이 소외되고 철학으로 먹고살기가 어려우며 철학의 의미가 철저히 축소되고 있습니다. 이는 다분히 의도된 결과라고 생각합니다. 자본을 이용해 모든 특권을 독점해가고 있는 소수의 자본가는 은밀하게 새로운 철학 사상의 태동을 짓밟고 있습니다. 철학은 그들에게 도전하는 유일한 힘이기 때문에 그 싹을 자르고 있는 것이지요. 철학을 하면 현재 지상에서는 어떤 지원도 받기 어렵습니다. 그나마 자신들에게 유리한 철학을 연구하는 자들에게만 조금 먹고살 정도의 보상을 줍니다. 고대, 중세 시대와 같이 귀족들과 부를 어느 정도 갖춘 자들의 철학은 자취를 감추었습니다. 오랜 철학에 대한 사전 음모와 자본주의에 대한 어리석은 맹신으로 현재 지상에서 정신적 귀족의 탄생은 거의 불가능에 가까워졌습니다. 사람들은 누군가 철학을 하여 인간의 삶을 인도하려 하면 '그것이 돈이 되느냐, 그 철학을 해서 돈을 벌 수 있느냐, 그 철학을 삶에 적용하면 가난해지는 것 아니냐, 철학을 하느라 거지가 될 수는 없다, 철학을 하다니 넌 참 한가하다, 철학을 하느니 노동을 해 밥을 사 먹어라'는 둥 철학을 조롱하고 그 유용성에 대하여 물고 늘어지면서 철학에 치명적 칼을 휘두르고 있습니다. 지상은 이제 대부분 철학을 포기했고 극히 소수만이 그늘 속에서 그 생명을 유지하고 있는 형편입니다. 이제 철학이 지상에서 설 자리가 없습니다. 판관께서 이에 대해 꾸짖는 것은 달게 받겠으나 철학의 회복을 위한 천상의 판결을 해 주시기를 부탁드립니다."

"그렇구나. 네 말을 들으니 지상이 돈으로 모든 것을 평가하는 시대에 들어선 것 같구나. 알았다. 천신에 말씀드려 불로소득 관련 판결에 철학과 사상의 회복을 위한 대책도 함께 만들어 보겠다."

이런 말을 하고 있을 때, 불로소득을 옹호하는 자본가들이 찾아와 천상의 판관에게 자신들의 소득에 대한 정당성을 이렇게 주장했다.

"저희가 이야기를 듣고 가만히만 있을 수 없어 이렇게 찾아왔습니다. 부동산 투자를 하든 주식 투자를 하든 그것은 정당하지 못한 불로소득이 절대 아닙니다. 만일 그렇다면 모든 경제 활동을 통한 이윤이 은행 금리 이상이면 그 부분은 모두 불로소득이라는 말씀입

2. 토론: 부동산, 불로소득 문제

니까? 기업들은 수백억, 수천억, 수조 원의 이익을 얻기도 하는데, 그것을 모두 불로소득이라고 하지 않듯이 우리 자본가들의 자본을 이용한 수익에 대해서 비난해서는 안 됩니다."

"누가 기업들이 수천, 수조 원의 이익에 대하여 문제가 없다고 하더냐? 기업의 이익도 3년간의 기본 운영 자금을 제외한 모든 이익은 국가에서 평등세로 환수하여 국민과 나누게 될 것이다. 과도한 이익이 난다는 것은 훨씬 낮은 금액으로 판매하여 그 기술의 성과를 모든 사람이 나누어야 하는데 그 성과를 기업이 독점하겠다는 것이다. 그 기업이 성과를 내기까지 공동체로부터 받은 교육 혜택, 문화 혜택, 치안 혜택, 안보 혜택, 복지 혜택 등 그 기업을 운영하고 기업에서 일하는 모든 사람에게 공동체가 베풀고 기여한 몫이 지대하기 때문에 어떠한 기업의 성과도 기업을 운영하기 위한 최소한의 예비비를 제외하고는 국가에서 환수해야 하고 그를 바탕으로 공동체가 또다시 새로운 발전을 계속하는 것이다. 너희들 자본가의 불로소득만 환수하려는 것이 아니니 억울해할 것 없다."

"판관님, 그게 무슨 말씀이십니까? 공산주의로 돌아가자는 것입니까?"

"또 공산주의 타령이구나. 지상의 돈 많은 자들은 자신에게 조금만 불리해지면 공산주의를 부르짖으며 반대하는데 도대체 공산주의가 무엇인지 몇 번을 말해야 되겠느냐? 지상의 학교에서 제대로 교육을 하지 않느냐? 마지막으로 한 번만 더 말하겠다. 공산주의는 생산을 위한 자본, 즉 토지, 건물, 생산 설비, 기술 등 모든 자본을 모든 사람이 공유하는 것을 말한다. 너희 지상의 현상황과는 완전히 다른 것이다. 지금은 모든 사람이 평등한 자유를 느낄 수 있는 최선의 제도를 찾는 중이다. 그것은 지금까지의 자본주의와는 달라야 하며 공산주의와도 달라야 한다. 지상의 철학이 시대 변화를 반영하여 기존 철학을 변경 발전시키지 못하니 이 문제를 해결하지 못하면 지상은 오래지 않아 지옥과 같은 고통 속에서 신음할 것이다."

이때 대학에서 학생들을 가르치는 저명한 사회학자가 사람들 사이에서 앞으로 나와 판관에게 이렇게 말했다.

"문제는 조금 전 말씀하신 부동산 등에 의한 불로소득에 대하여 금융소득 이상 부분을 국가에서 환수하는 것을 사람들이 참지 못할 것이라는 점입니다. 인간 역사 수천 년간 불로소득을 가진 자들이 그 특권을 누리면서 살아왔고 법과 제도 또한 그들을 위해 만들어져 있어, 마치 그것을 깨뜨리면 정의롭지 않은 독재자, 탄압자, 부도덕자로 받아들이도록 사람들을 세뇌해 놓았기 때문에 특권을 가지지 못한 사람조차 그것을 옳지 못한 것으로 생각하고 있는 형편입니다. 이 같은 상황을 넘어 불로소득의 특권을 없애는 것은 지상에서는 인간 스스로 할 수 없을 정도로 저항이 있을 것입니다."

"그럴듯하구나. 네 말을 들으면 불로소득의 환수는 어려울 것처럼 보이는구나. 하지만 그건 바로 너도 세뇌되었기 때문에 그런 생각을 하는 것이다. 지상의 다수 민중은 그렇게 어리석지 않다. 단지 몇 년간의 시행으로도 그 득이 실보다 훨씬 많음을 그들은 곧 알게 될 것이다. 지상의 인간들이 결정하기 어려우니 천상에서 우리가 삼천 년 만에 이렇게 내려온 것 아니냐? 또 다른 의견 없느냐? 없으면 불로소득에 대한 최종 판결을 내리겠다."

2. 토론: 부동산, 불로소득 문제

저명한 사회학자가 다시 물었다.

"잠시 기다려 주십시오. 판관님은 모든 사람의 소득이 같아지기를 원하시는 겁니까? 하지만 평등과 공평은 다른 것 아닙니까? 어렵게 노력하여 자본을 모은 사람이 그것을 이용해 얻는 소득을 자본이 없는 사람과 함께 분배하는 것은 너무 평등만 중시하고 공평을 고려하지 않는 것이므로 이는 판결에 반드시 고려해야 합니다."

"네 말대로이다. 우리는 평등해야 하지만 공평이 무너져서도 안 된다. 하루 4시간 일한 사람과 하루 8시간 일한 사람이 같은 소득을 받는다면 그것은 공평하지 않고 정의롭지도 않은 것이다. 땀 흘려 8시간 일한 사람은 4시간 일한 사람보다 두 배 많은 소득을 받도록 하겠다. '땀에 비례해 소득이 있을 것이다.' 그러나 부동산같이 자산을 이용한 불로소득은 땀을 흘리지 않는 소득이다. 이는 평등뿐만 아니라 공평마저 해치기 때문에 절대 용인해서는 안 된다. 직업 서열화에 대한 판결에도 있지만, 열심히 땀 흘리고 노력해서 얻은 소득은 그 50%를 완전히 보장한다. 땀 흘리는 자는 충분히 풍족하게 지낼 수 있을 것이다."

판관은 판결문을 작성하기 시작했고 주위 사람들은 어떤 판결이 나올지 숨죽이고 기다렸다. 곧 천상의 신에게 보고하기 위한 판결문이 게시되었고 판결문을 보고 불만을 품은 몇 사람이 다시 판관 앞으로 나와 자기 생각을 말했다.

"저는 10년 동안 한 곳에서 선하고 평범하게 살아온 사람입니다. 10년 전 5억에 집을 사서 지금은 시세가 15억인데, 판관님의 판결대로라면 수익 10억 중 평등세, 소득세를 납부하면 제가 가질 수 있는

「불로소득 문제」에 대한
판결문

　불로소득에 의해 일어나는 문제점들을 해결하기 위해 아래와 같이 판결한다. 국가는 이를 6개월 안에 즉시 시행하고 모든 관계 법령을 개정할 것을 명한다.

1. 주택, 토지, 건물 등 부동산 가격 상승에 의한 소득, 높은 이자에 의한 소득 등 땀을 흘리지 않고 얻는 자본 이용 불로소득은 은행 금리 정도의 수익을 제외하고는 국가에서 모두 환수하여 평등세의 재원으로 사용한다.

2. 국가 환수의 시점은 이익이 발생하는 시점으로 한다. 예를 들어, 주택의 경우 10년 후 양도 시는 10년 동안의 은행 금리를 복리로 가산하여 이익을 실현하며 그 이상의 양도 차익은 모두 환수한다. (은행 금리 2%의 경우 부동산 10년 소유 시, 복리 22%만 정당한 수익으로 인정함)

3. 새로운 시대의 경제 사회 인문 철학 연구를 위해 국가는 의료계 다양한 의사 양성을 위해 투자하는 금액 이상으로 인문철학 분야를 지원해야 한다.

4. 위의 결정에 불복하는 자는 해당 재산을 몰수하고 10년 이상의 징역형을 선고한다.

천상의 판관

몫은 1억 원 정도라는 말 아닙니까? 그럼 저는 9억 원의 재산을 일시에 잃는 것인데 그것을 받아들이라는 말씀입니까? 제가 가진 재산이라고는 이 집 하나인데 그럼 저희 가족의 노후는 어떻게 해결하라는 말씀이십니까?"

"그럼, 집값이 오른 너는 아무런 일도 하지 않고 10억을 벌어 노후를 풍족히 지내고 집값이 1원도 오르지 않은 지방에 집을 가진 사람은 노후를 대비 못 해도 괜찮단 말이냐? 너만 집값이 올라 혜택을 보면 그만이라는 심보구나. 그건 내가 용납할 수 없다. 그러니 네 집값 오른 부분을 공평히 나누어 가지라는 것이다. 너도 오른 집값 중 평등세로 낸 일부는 혜택이 돌아갈 터인데 무엇이 그리 억울하단 말이냐. 지방에 집을 가진 사람들은 너만큼 젊은 시절 일하지 않았다고 생각하느냐? 너와 전혀 다르지 않게 그들도 일했다. 오히려 여러 가지 문화 혜택도 보지 못한 채 지방에서 보냈으니 억울한 것은 네가 아니라 집값이 오르지 않은 지방에서 살고 있는 사람들이다."

"하지만 그건 어쩔 수 없는 것 아닙니까? 사람은 각자가 가진 운이 있는데 그 운마저 나눈다면 복권 당첨자들도 당첨금을 모두 나누어야 한다는 말씀이십니까?"

"스스로 어리석음을 드러내는구나, 복권은 복권 당첨금의 수십 배에 이르는 수익금을 공익을 위해 사용하고 있어 네 집값 상승의 수익과는 공익 부분에서 차원이 다른 이야기다. 네 집값 오른 액수에 수십 배에 달하는 다른 공익이 있느냐? 너에게만 이익이 있는 것 아니냐? 쓸데없는 예를 들지 말라. 그리고 복권도 일종의 불로소득이므로 복권 당첨금의 90%는 국가에서 환수하여 평등세 재원으로 사용할 것이다. 당첨금이 작아지면 복권을 사는 사람도 거의 없어질 것이다. 국가에서 한다는 짓이 도박과 같은 복권을 운영하다니 참으로 어처구니없는 일이다. 내일 당장 없애려고 했으나 일단 당첨금 90% 국가 환수 조건으로 내버려 두겠다. 아마도 곧 저절로 사라질 것이다."

"너무하십니다. 평생 집값 오르는 것만 믿고 살아 온 사람은 어떻게 하란 말입니까?"

"죽을 때까지 일하면 된다. 너희들 삶의 목표가 틀려먹었다. 대충 50대 후반 60대 초반까지 일하다가 은퇴해서 등산, 여행이나 다니면서 편안히 쉬려는 것, 그 생각부터 없애야 한다. 일은 죽을 때까지 해야 하는 것이며 그것이 너희들 삶을 위해서도 유익하다. 일하면서 부족한 수입과 일하지 못해 곤궁한 부분은 국가에서 평등세를 활용하여 부조해 줄 터이니 죽을 때까지 일한다는 마음만 가지면 너희들 노후 생활은 걱정할 필요 없다. 처음에는 손해 보는 듯 생각이 들겠지만, 너희들 자식 그리고 그 손자들은 모두가 평등한 세상 속에서 미래에 대한 걱정 없이 하루하루 즐겁고 편안하게 살 게 될 것이다. 처음은 두렵겠지만 천상의 신과 판관을 믿고 따르면 지금과 완전히 다른 세상 속에서 살 게 될 것이다."

결국 주택 등을 통한 불로소득에 대한 판관의 판결을 천신은 승인했고 즉시 실시에 들어가기 위한 준비가 진행되었다.

2. 토론: 부동산 등 불로소득 문제에 대하여 (1-1)

문제 1 제시문의 결과를 찬성하는지 반대하는지 그 이유를 세 가지 들면서 자신의 의견을 논술하고 다른 의견을 가진 사람을 설득하시오. (600~1,200자)

2. 토론: 부동산 등 불로소득 문제에 대하여 (1-2)

문제 1 제시문의 결과를 찬성하는지 반대하는지 그 이유를 세 가지 들면서 자신의 의견을 논술하고 다른 의견을 가진 사람을 설득하시오. (600~1,200자)

2. 토론: 부동산 등 불로소득 문제에 대하여 (2)

문제 2 상대의 반대 의견에 대하여 논리적으로 반박하는 의견을 논술하시오. (600자)

2. 토론: 부동산 등 불로소득 문제에 대하여 (3)

문제 3 (1) 상대의 반대 의견과 합의한 내용을 그 구체적 이유와 함께 기술하시오. (2) 합의가 안 됐을 경우, 상대방 의견을 고려한 일부 수정된 자신의 의견을 도출하고 그 이유를 구체적으로 설명하시오. (600자)

3. 주제 토론: 부동산 등 불로소득 문제에 대하여

풍요에 겨운 '게으르고 살찐 부자'를 꿈꾸지 말라.
정말 그렇게 될 것이다.
세상 몇 가지 중요한 유익 중 하나가
가난이다.

〈위 글을 바탕으로 부동산 등 불로소득 문제에 대하여 창작하시오.: 사회 비판 관점〉

4. 천자문 (53/125)

背(등 배) 邙(산이름 망) 面(낯 면) 洛(강이름 락)

뒤는 산이고 앞은 강이니

浮(뜰 부) 渭(강이름 위) 據(의거할 거) 涇(통할 경)

강에서 유유자적하니 모든 것에 통한다.

배망면락　　　부위거경

背邙面洛 이나　　浮渭據涇 이라.

지나친 욕심을 버리면 세상 모든 것이 내 것이다.

[한자 세 번, 뜻 한 번을 쓰시오]

국가 (플라톤)

제1권
  정의에 대한 정의
제2권
  정의의 본질과 기원
  수호자의 교육에 대한 논의
제3권
  수호자들을 위한 교육법 : 시가, 음악, 체육
  통치자의 자격
제4권
  수호자의 행복
  수호자들이 경계해야 할 것 : 부, 가난 / 중시해야 할 것 : 교육, 양육, 입법
  훌륭한 국가에 필요한 덕목 : 지혜, 용기, 절제, 정의
  정의로운 사람에 대한 정의
제5권
  남녀 평등에 대해서 논의
  아내, 자식 공유의 문제
  이상 국가는 철학자가 다스리는 국가
제6권
  철학자가 국가를 다스려야 하는 이유
  선의 이데아 (태양의 비유로 선의 이데아의 개념을 설명)
제7권
  선의 이데아 (동굴의 비유로 선의 이데아를 설명)
  동굴에서 빠져 나오기 위해 필요한 학문 : 수학, 기하학, 천문학, 변증론
  수호자의 선발과 교육방법
제8권
  잘못된 국가 체제 : 명예체제, 과두체제, 민주체제, 참주체제
제9권
  참주의 성향과 불행한 인간인 참주
  가장 행복한 인간은 지혜를 사랑하는 자
  지혜를 사랑하는 자의 쾌락
제10권
  모방에 대한 부정적인 반응
  영혼 불멸설

독서 노트 (53)

[국가에 흐르는 정신(교훈)에 대하여]

1. 저자
 : 플라톤

2. 도서
 : 국가

3. 독서노트
  (1) 중요한 열 가지 이야기를 기술하시오. (각 100자)
  (2) 국가에 흐르는 세 가지 정신(교훈)을, 내용을 인용하면서 각각 설명하시오. (각 250자)

4. 기간
 : 2주

독서노트

(1) 중요한 열 가지 이야기를 기술하시오. (각 100자)

1.

2.

3.

4.

5.

독서노트

(1) 중요한 열 가지 이야기를 기술하시오. (각 100자)

6.

7.

200자

8.

9.

400자

10.

600자

53. 우리 시대는 부동산 등 불로소득을 잘 징계하고 있는가

독서노트

(2) 국가에 흐르는 세 가지 정신(교훈)을, 내용을 인용하면서 각각 설명하시오.
(각 250자)

1.

2.

3.

Summary

1. 나에 대하여

: 불로소득 50억이 생기면 무엇을 하겠는가? (400자)

2. 토론

: 우리 시대는 부동산 등 불로소득을 잘 징계하고 있는가?

3. 주제 토론

: 부동산 등 불로소득 문제에 대하여

4. 천자문

5. 독서 노트

: 국가 (플라톤)

부동산 등 불로소득 문제에 대하여

✿ 53. 우리 시대는 부동산 등 불로소득을 잘 징계하고 있는지 자신의 생각을 종합하시오.

54. 우리 시대 종교는 타락하고 있지 않은가

타락한 종교 문제

54. 우리 시대 종교는 타락하고 있지 않은가

✿

✿

1. 나에 대하여

문제   나는 신의 존재를 믿는가? 있다면 신의 역할은 무엇이라고 생각하는가? (400자)

200자

400자

54. 우리 시대 종교는 타락하고 있지 않은가

2. 토론

타락한 종교 문제에 대하여

6. 우리 시대 종교는 타락하고 있지 않은가

이때, 자신을 하느님을 믿는 신자라고 소개한 사람이 자기 소득의 10%를 교회에 바치고 있다고 하면서 이렇게 말했다.

"천상에 계신 천신이나 판관이 이것을 지시했는지요? 만일 그렇다면 그건 너무 가혹한 것 아닌가요? 소득의 10%면 우리들 서민들이 노후를 준비하는 금액보다도 더 큰 액수인데 이를 좀 낮추어 주실 수는 없는지요?"

판관은 어이가 없어 하면서 이렇게 말했다.

"지금 뭐라고 했느냐? 하늘의 천신이 소득의 10%를 바치라고 명령했다고? 그렇게 말한 자들을 모조리 잡아들여라. 사자는 우선 그런 지옥에 떨어질 거짓말을 하고 다닌 종교 집단의 사제들을 이 앞으로 데리고 오너라."

사자는 명을 받아 즉시 몇 사람의 종교 사제를 데리고 왔다. 그중 나이가 좀 있는 사람이 이렇게 말했다.

"오면서 십일조에 관한 이야기 들었습니다. 하지만 십일조는 구약 레위기, 민수기 그리고 신약 성서에 모두 나오는 신자의 의무입니다. 종교 생활을 위해 그 정도의 희생과 봉사는 당연하고 꼭 필요한 것으로 생각합니다. 그것에 불만을 가진 자들은 신을 믿을 자격이 없는 것입니다. 오히려 그들이 회개해야 합니다. 십일조를 걷는다고 지옥에 떨어진다고 하신 말씀은 잘못된 것입니다."

"네가 제정신이 아니구나. 천신이 하늘에서 십일조를 걷으라고

2. 토론: 타락한 종교 문제

한 적이 없거늘 무슨 망발을 하는 것이냐? 십일조를 걷는 것이 너희 지상의 인간들이 서로 어려운 사람들을 돕기 위해 자발적으로 그리고 순수한 마음으로 걷어 가난하고 어려운 사람들을 돕는다면 그것은 천상의 신이 관여할 일은 아니다만, 천상의 신이 십일조를 걷으라고 하면서 어려운 사람들의 돈을 억지로 걷는 것은 절대 있어서는 안 된다. 그리고 설사 어떤 경우 일시적으로 십일조를 천상에서 명했다고 하더라도, 그 돈은 모두 어려운 사람들을 돕기 위한 것이었지 다른 이유는 절대 없었다."

"하지만 성직자들도 생활을 해야 하는 것 아닙니까? 아이들도 키워야 하고 노후도 생각해야 하고, 성직자도 사실은 직장인과 크게 다르지 않습니다. 천상의 신의 말씀을 전하는 사람으로서 그 수고비를 받는 것을 비난받을 일은 아니라고 생각합니다."

"그렇다. 수고비를 받는 것은 천상의 신도 간섭하지는 않을 것이다. 그러나 그것이 강제적이라면 이야기는 다르다. 절대 그것은 용인할 수 없는 일이다. 그리고 그 십일조도 신에게 바치는 돈이 아니라 종교 사제들, 성직자의 수고비 명목으로 받아야 한다. 신의 명령이라 하면서 돈을 요구해서는 절대로 안 된다."

"아니, 그러면 사람들이 십일조를 내겠습니까? 신의 이름을 빌려 돈을 받을 수 있는 것이지 그렇지 않다면 절대 우리에게 돈을 내지는 않을 것입니다. 특히 그것이 강제되지 않는다면 과연 누가 성직자의 생계를 위한 돈을 내겠습니까? 그리고 성직자의 권위는 땅에 떨어지고 이로써 종교 자체가 사라질지도 모릅니다. 종교가 사람의 선한 행동을 유도하고 죽음에 대한 두려움을 완화시켜 주는데 만일 그렇게 되면 사회는 여러 면에서 불안을 더욱 표출하게 될 것입니다. 이에 대해 고려를 해주시기 바랍니다."

"네 말은 앞뒤가 맞지 않는구나. 대접은 성직자로서 받고자 하고 돈벌이는 돈벌이대로 하겠다는 말 아니냐. 정말로 욕심이 과하구나. 그건 안 될 말이다. 너희들은 성직자로 살든지 아니면 일반인처럼 돈벌이를 하면서 살든지 선택해야 할 것이다. 너희들이 말하는 것은 천상에서 보기에는 성직자가 아니라 천상의 말을 전하는 장사꾼으로 밖에는 보이지 않는다. 성직자는 아무것도 바라지 않는, 오직 신이 정한 성스러운 일을 하는 자이어야 하며 오직 그런 자만이 신의 심부름꾼으로 존경받을 자격이 있는 것이다. 정신 차리거라."

십일조를 받는 또 다른 종교인 역시 역사적으로 실제 십일조를 받았던 예를 들며 자신들의 정당성을 주장했다. 그러면서 천상의 판관 말에 대해 이렇게 억울함을 호소했다.

"십일소를 이용해 자신의 개인적 부를 쌓고 그 부를 물려주기까지 하는 악덕 종교 사제는 그렇게 많지 않습니다. 대부분의 종교 사제는 성직자로서 부끄럽지 않은 삶을 통해 사람들을 위해 봉사하고 신의 계율을 전파하는 훌륭한 분들입니다. 어찌 모든 사람을 그렇게 생각하실 수 있습니까? 적은 신도들의 십일조로 근근이 생활하면서 봉사하는 삶을 사는 종교 사제에게는 십일조가 신의 선물과도 같은 유일한 생계 수단입니다. 부디 가난한 종교 사제들에게는 십일조를 허락해 주시기를 간청 드립니다."

"네가 말하는 것은 알겠다만, 너희 가난한 종교인들도 신도 수가 많아지고 그에 따라 십일조 액수가 커지면 문제가 발생할 것이다. 지금 너희가 경건한 것도 신도 수가 적고 그에 따라 십일조 액수가

2. 토론: 타락한 종교 문제

적어 그럴 수밖에 없어서 그런 것일 뿐이다. 십일조는 종교인의 욕망과 악의 발원지가 될 것이다. 십일조가 아니라, 자발적 비밀 헌금을 기반으로 생활하도록 하라. 그것으로 부족하여 생활이 어려우면 다른 일을 해서 부족한 수입을 메우거나, 그래도 불가능하여 정말 어려우면 성직을 그만두어야 할 것이다. 자발적 헌금을 이끌어 낼 만한 능력이 없음을 스스로 반성하고 다른 일을 하면서 그 힘을 키워가야 할 것이다. 어떤 경우에도 헌금은 강요되어서는 안 된다. 이는 천상의 신을 무시하는 일이고 또 욕되게 하는 일이다."

"그럼 지금 종교 활동을 하고 있는 저희들은 어떻게 해야 합니까? 가난한 종교인들은 모두 종교를 이끄는 직을 그만두어야 한다는 말입니까?"

"지금 말하지 않았느냐. 자발적 헌금을 바탕으로 생활하면 된다. 만일 그것이 어려우면 관련 종교인들이 모두 모여 대규모 종교 연합을 만들고 자발적 헌금을 공동 관리하여 성직자들에게 적절한 월급을 제공하면 될 것이다. 이는 이미 다른 여러 종교에서 그렇게 실시하고 있으니 참고하면 될 것이다."

"그와 같은 대규모 종교 연합이 싫어 독립한 가난하고 순수한 종교인들도 있는데 그들은 어떻게 합니까?"

"벌써, 세 번째 말하는구나. 그런 경우는 더더욱 자발적 헌금을 기반으로 운영해야 하고 그것이 불가능하면 그 종교 교리와 방식은 더 성숙해질 때까지 보류해야 할 것이다."

이때, 처음부터 같이 판결에 참여하던 어린 소년이 또 다른 종교의 타락에 대하여 이렇게 말했다.

인문철학교육서

2. 토론: 타락한 종교 문제

"십일조의 타락은 이미 드러난 문제이지만 종교는 더 많은 타락 속에서 썩어가고 있습니다."

"그래, 다른 어떤 문제가 있느냐?" 판관이 물었다.

"신을 빙자해서 사람의 영혼과 재산을 탈취하기도 하며, 이미 죽어 없는 사람들의 제사를 위해 터무니없는 돈을 요구하기도 합니다. 종교인들의 소득에 대해 전혀 세금을 환수하지 않아 재산을 축재하고 그것도 모자라 십일조로 걷은 헌금을 바탕으로 한 재산을 상속까지 합니다. 종교 신자를 그 숫자에 따라 돈으로 사고팔기도 하며 종교 단체 이름으로 어려운 사람을 돕겠다고 기부금을 받아 순수한 마음으로 돕는 사람들의 돈을 자신들의 운영비와 생활비로 사용하기도 합니다. 종교 단체의 수장이 되면 많은 이권이 있어 그 수장 자리를 놓고 종교인 간에 서로 폭력적으로 싸우기도 하고 종교 단체 간에 신도들을 확보하기 위해 다툼이 있기도 합니다. 종교라는 이름으로 개인의 재산을 착복하기도 하고 개인의 자유를 구속하기도 하며 그에게서 벗어나지 못하도록 협박과 폭력을 사용하기도 합니다. 종교를 '복을 구하고 화를 면하는 주술적 도구'로 생각하며, 인간의 약한 마음을 이용해 터무니없는 종교적 금전을 요구하기도 합니다. 사람들은 종교를 통해 도덕적 선을 추구해야 하거늘 종교 모임을 할 때는 경전에 따라 종교적 숭고함을 보이지만, 모임이 끝나 그곳을 나서면 다시 욕망에 사로잡히고 사악한 마음을 제어하지 못하니 종교가 무엇 때문에 있는지 모르겠습니다."

"그렇구나. 종교의 역할이 지상에서 많이 변질되고 있구나. 지상에서의 기도를 들어보면 지상의 사람들은 기도의 본질을 잘 모르는

2. 토론: 타락한 종교 문제

것 같다. 기도는 순수해야 하며 자신이 아닌 공동체를 위한 것이어야 함에도 불구하고 개인의 희망과 욕망을 위해 대부분 기도하고 있다. 그것들은 개개인이 스스로 해결해야 하는 것임에도 불구하고 말이다. 어쨌든 종교의 타락 관련 판결문을 올려 천신의 재가를 받도록 하겠다. 종교인이 소득 개념으로 십일조를 받는데 세금을 내지 않는다는 것은 어불성설이고 종교 단체의 사람들을 신도 수에 의해 가격을 정해 매매한다는 것도 지옥 불에 떨어질 일이다. 폭력을 써서 종교의 수장 자리를 다투는 것도 그냥 내버려 둘 수는 없고 종교가 그 순수한 목적에서 벗어나 복을 구하고 화를 면하는 수단으로 사용되는 것도 좌시하지 않겠다. 지상의 사람들은 이번 기회에 고칠 것은 반드시 고치도록 해야 할 것이다."

"판관님, 판결문을 작성하기 전에 한 가지만 고려해 주십시오." 십일조를 통해 꽤 많은 부를 축적한 한 종교인이 다급하게 말을 시작했다."

"그것이 무엇이냐?"

"십일조가 모두 나쁜 것만은 아니라는 것과 종교 사제 그리고 종교 또한 모두 타락한 것은 아니라는 것입니다. 너무 극단적 최악의 예를 일반화시켜 전반적 지상의 종교가 폄하되지 않도록 고려해 달라는 것입니다. 십일조는 신도들 소득의 일부를 어렵고 가난한 사람들을 위해 사용하는 것이고 종교의 타락은 종교 사제가 되어서는 안 되는 사람들이 종교를 이끌어 생기는 일입니다. 모든 것을 금지하는 것이 아니라 선별적으로 벌주시는 것이 좋을 것으로 생각됩니다."

"네 말도 아주 틀린 것은 아니지만 작은 불씨를 남겨두면 다시 큰 들불과 산불로 번질 것이다. 천상에서 우리가 대체로 삼천 년마다 내려오는데 그 사이 지상에서 너희들이 네 말대로 잘해 나갈지 의문이다. 아마도 100년도 되지 않아 다시 타락하게 될 것이다. 판결에 네 말도 일부 고려하겠다만 큰 틀의 판결은 변함없을 것이다."

판관은 판결문을 만들기 위해 처소로 들어갔고 사람들은 결과를 기다렸다. 종교인들은 너무 가혹한 처벌이라 불만을 표출하기도 했지만, 당연한 일이라고 생각하는 사람도 있었다. 잠시 후, 천신의 재가를 받기 위한 판결문은 게시되었고 사람들은 하나둘씩 모여들어 내용을 읽어 보았다. 모두 그 엄격한 적용에 놀랐으며 종교인들 일부는 천신에 재가를 받기 전에 내용이 수정되어야 한다고 하면서 판관에게 달려가 이렇게 말했다.

"너무하십니다. 지금까지 애써 살아온 종교 사제들을 일반인들보다 더 가혹하게 처벌하시려 합니까? 그리고 천신이 그것을 허락한다고 해도 종교 단체에서 운영하던 일들이 있는데 어떻게 6개월 안에 모든 헌금 방식을 바꾸겠습니까? 최소한 2~3년 정도의 시간은 주셔야 거기에 맞추어 운영 대책을 세우지 않겠습니까? 제발 기간만이라도 좀 늘려주시기 바랍니다."

"너희들이 또 술수를 쓸려고 하는 것을 내가 모를 줄 아느냐. 비밀 자발적 헌금 방식의 적용은 6개월 후가 아니라 당장 지금부터 실시할 것이고 법안 변경만 6개월 후까지 하겠다는 것이다. 그 사이 신도들로부터 더 많은 헌금을 한꺼번에 받아 모아놓으려는 계획을 내가 모를 것 같으냐? 더 이상 그 얘기는 꺼내지 말라."

"그렇게 엄격하게 종교인에게 요구하시면 누가 종교인이 되겠습

2. 토론: 타락한 종교 문제

「종교 타락 문제」에 대한
판결문

종교 타락에 의해 일어나는 문제점들을 해결하기 위해 아래와 같이 판결한다. 국가는 이를 6개월 안에 즉시 시행하고 모든 관계 법령을 개정할 것을 명한다.

1. 종교 단체의 십일조 헌금은 즉시 완전히 폐지한다. 모든 헌금은 무기명 자발적인 것만 허용한다. 이를 어기면 해당 종교를 폐쇄하고 종교 사제들은 10년 이상의 징역형에 처한다.

2. 종교 사제들의 소득에 대해서도 일반인과 동일하게 소득의 50%를 평등세로 환수하고 나머지 소득에 대해서도 일반 세금을 부과한다. 단, 헌금을 국가에 신고된 별도의 통장으로 관리하고 전액 어렵고 가난한 자를 돕는 데 쓴다면 그것은 허용한다.

3. 종교 사제들이 사욕을 위해 사기, 부정 축재, 폭력 등 법을 위반하면 그 즉시 그 종교에서 파문하고 위법 사항에 대해 일반인의 10배 이상 형량을 선고한다.

4. 종교 사제는 반드시 20년 이상의 수련 과정 후 임명한다. 그 20년 동안은 최저 생계비만 지급한다.

천상의 판관

니까? 만일 그대로 천신이 재가한다면 종교는 점점 힘을 잃어 갈 것이며 지상의 사람들은 더욱 정신적으로 피폐해지고 방황할 것입니다. 그것은 어떻게 하려고 하십니까?"

"그렇게 엄격한 규율을 적용하면 누가 종교인이 되겠냐고 하였느냐? 천상의 신이 바라는 바가 바로 그것이다. 아무나 종교 사제가 되어서는 절대 안 된다. 지금 지상의 종교인들을 보니 학교 몇 년 다니면 바로 종교 사제가 될 수 있더구나. 참 어처구니없는 일이다. 종교 사제가 되려면 20년 이상의 준비와 수련 기간을 두도록 법률을 바꾸어야 할 것이다. 사명감과 목숨을 건 각오와 자기 자신에 대한 희생, 진리를 위한 노력 없이는 절대 종교 사제가 될 수 없도록 할 것이다. 종교 사제가 적어진다고 지상 사람들의 정신이 피폐해진다고 했느냐? 반대로 지상의 종교 사제가 많을수록 사람들은 피폐해질 것이다. 쓸데없는 걱정 말라."

"그럼, 이미 사제로서 활동하고 있는 사람은 어쩐다 말입니까?"

"판결문 그대로이다. 20년이 넘은 사제는 그대로 직을 수행할 수 있지만, 20년이 안 된 사제들은 다시 사제 수련 과정으로 돌아가고 20년 동안 사제 수련 기간을 마치면 사제에 임명하도록 하겠다. 20년 이상의 사제들도 1년에 삼 분의 일, 네 달 동안은 수련 기간을 가져야 한다."

"이미 부양가족이 있는 사제들은 최저 생계비만 가지고는 생활이 어렵습니다."

"국가에서 평등세를 걷어 생활이 어려운 사제들도 도울 것이다. 종교 사제이면서 그 정도 어려움을 견디지 못한다면 당장 사제직을

2. 토론: 타락한 종교 문제

그만두어야 할 것이다."

　종교인들, 종교 사제들, 그리고 주변에 모인 사람들은 웅성거렸으나, 천상 판관의 판결에 더 이상 불만을 제기할 수 없었다. 잠시 후 결국 천상의 신은 판관의 판결을 승인, 재가했고 판결 그대로 지상에서 실시하는 것으로 결정되었다.

2. 토론: 타락한 종교 문제에 대하여 (1-1)

문제 1 제시문의 결과를 찬성하는지 반대하는지 그 이유를 세 가지 들면서 자신의 의견을 논술하고 다른 의견을 가진 사람을 설득하시오. (600~1,200자)

2. 토론: 타락한 종교 문제에 대하여 (1-2)

문제 1 제시문의 결과를 찬성하는지 반대하는지 그 이유를 세 가지 들면서 자신의 의견을 논술하고 다른 의견을 가진 사람을 설득하시오. (600~1,200자)

2. 토론: 타락한 종교 문제에 대하여 (2)

문제 2 상대의 반대 의견에 대하여 논리적으로 반박하는 의견을 논술하시오. (600자)

2. 토론: 타락한 종교 문제에 대하여 (3)

문제 3 (1) 상대의 반대 의견과 합의한 내용을 그 구체적 이유와 함께 기술하시오. (2) 합의가 안 됐을 경우, 상대방 의견을 고려한 일부 수정된 자신의 의견을 도출하고 그 이유를 구체적으로 설명하시오. (600자)

3. 주제 토론: 타락한 종교 문제에 대하여

우리는
아무것도 요구하지 않는 자만 신뢰할 수 있다.
신도 예외는 아니다.

〈위 글을 바탕으로 타락한 종교 문제에 대하여 창작하시오.: 사회 비판 관점〉

200자

400자

51. 우리 시대 종교는 타락하고 있지 않은가

4. 천자문 (54/125)

宮(집 궁) 殿(큰집 전) 盤(서릴 반) 鬱(답답 울)

궁전은 울창하게 서려 있지만

樓(다락 루) 觀(볼 관) 飛(날 비) 驚(놀랄 경)

누대에 올라야 비경을 볼 수 있다.

궁전반울   누관비경

宮殿盤鬱 이나   樓觀飛驚 이라.

풍족함과 화려함에서 벗어나야 다른 세상을 볼 수 있다.

[한자 세 번, 뜻 한 번을 쓰시오]

인문고전 추천 54

권리를 위한 투쟁 (예링)

　루돌프 폰 예링(Rudolf von Jhering, 1818년 8월 22일 ~ 1892년 9월 17일)은 독일의 법학자이다. 1872년에 출간한 《권리를 위한 투쟁》(독일어: Der Kampf ums Recht)의 저자로 알려져 있으며, 근대사회학적인 법학의 기초를 쌓은 역사학파의 학자로도 잘 알려져 있다.

　처음에는 법개념의 논리적 체계의 구축에 전념하였으나, 후에 그의 대저 《로마법의 정신》의 제4권(1867년)에서 논리성을 추구하는 입장에서 실생활의 요구를 중시하는 입장으로 전향하였다. 그 위에 《법 안에서의 목적》(1877년~1883년)에서는 목적이 모든 법의 창조자이며, 모든 법이 사회의 생존 조건을 보장하는 것을 목적으로 하여 생긴 것임을 역설하였으며, 법과 그때그때의 사회적 요구와의 관련을 강조했다.

독서 노트 (54)

[권리를 위한 투쟁에 흐르는 정신(교훈)에 대하여]

1. 저자
   : 예링

2. 도서
   : 권리를 위한 투쟁

3. 독서노트
   (1) 중요한 열 가지 이야기를 기술하시오. (각 100자)
   (2) 권리를 위한 투쟁에 흐르는 세 가지 정신(교훈)을, 내용을 인용하면서 각각 설명하시오. (각 300자)

4. 기간
   : 2주

독서노트

(1) 중요한 열 가지 이야기를 기술하시오. (각 100자)

1.

2.

200자

3.

4.

400자

5.

600자

54. 우리 시대 종교는 타락하고 있지 않은가

독서노트

(1) 중요한 열 가지 이야기를 기술하시오. (각 100자)

6.

7.

8.

9.

10.

독서노트

(2) 권리를 위한 투쟁에 흐르는 세 가지 정신(교훈)을, 내용을 인용하면서 각각 설명하시오. (각 300자)

1.

200자

2.

400자

600자

독서노트

(2) 권리를 위한 투쟁에 흐르는 세 가지 정신(교훈)을, 내용을 인용하면서 각각 설명하시오. (각 300자)

3.

Summary

1. 나에 대하여

: 나는 신의 존재를 믿는가? 있다면 신의 역할은 무엇이라고 생각하는가? (400자)

2. 토론

: 우리 시대 종교는 타락하고 있지 않은가

3. 주제 토론

: 타락한 종교 문제에 대하여

4. 천자문

5. 독서 노트

: 권리를 위한 투쟁 (예링)

타락한 종교 문제에 대하여

✿ 54. 우리 시대 종교는 타락하고 있지 않은지 자신의 생각을 종합하시오.

55. 우리 시대는 처벌에 대해 평등의 원칙을 잘 준수하는가

공평한 벌금 문제

55. 우리 시대는 처벌에 대해 평등의 원칙을 잘 준수하는가

✿

✿

1. 나에 대하여

문제 나는 처벌과 형벌의 역할이 무엇이라고 생각하는가? (400자)

200자

400자

55. 우리 시대는 처벌에 대해 평등의 원칙을 잘 준수하는가

2. 토론

공평한 벌금 문제에 대하여

7. 우리 시대는 처벌에 대해 평등의 원칙을 잘 준수하는가

조금 있으니, 누군가 불만에 가득 차 천상의 판관에게 고하려고 다가왔다. 그는 자기가 간단한 법규를 지키지 않아 부과되는 벌금에 대해 이렇게 말했다.

"저는 며칠 전에 주차위반을 해서 벌금을 부과받았습니다. 그 액수는 평범한 직장인에게는 절대 가볍지 않은 액수입니다. 하지만 제가 공동체에서 정한 규칙을 지키지 못한 것이므로 벌금을 내는 것에 불만은 없습니다. 그런데 문제는 제 앞에 주차된 차가 있었는데 꽤 재산이 있어 보이는 사람들의 차 같았습니다. 그 차도 같이 주차 위반 벌금을 부과받았는데, 우연히 그 차의 주인인 듯한 부부가 하는 말을 듣고 화가 나서 이렇게 찾아오게 되었습니다."

"그래, 그들이 뭐라 하더냐!"

"저희에게 모멸감을 주는 말을 하고 있었습니다. 주차 금지 구역에 돈 없는 자들이 왜 주차를 해 자신들의 주차를 방해하는지 모르겠다고 하면서, 돈이 없으면 멀리 주차하고 걸어와야지 자기들의 주차에 걸리적거린다고 했습니다. 그들은 돈은 얼마든지 있으니 오히려 주차 금지를 이용해서 편하게 주차 불법을 저지르려고 했습니다. 이에 대해 무언가 정책의 변화가 없으면 국가의 법규는 오히려 돈 있는 자들의 편의를 제공하는 꼴이 될 것입니다."

"그렇겠구나. 지금 지상의 벌금이 정액제로 되어 있는가 보구나. 네 말대로 그렇다면 같은 법규를 위반하고도 벌금에 대해 느끼는 체감 효과가 달라, 법규 예방 효과가 부자들에게는 거의 없겠구나. 알

2. 토론: 공평한 벌금 문제

앗다. 이 문제는 내가 천신께 올릴 판결을 준비하겠다."

그때 젊을 때 고생하고 노력해서 자산을 모은 사람이라며 자신을 소개한 자가 이렇게 말했다.

"그건 안 될 말입니다. 모든 국민을 동일하게 처우해야 하는 국가가 다른 잣대로 벌금을 매기는 것은 평등의 원칙에 위배됩니다. 그리고 조금 여유 있게 살게 되어 범칙금에 대해서도 부담 없는 세상에서 이제 살 만해졌는데 그 권리를 빼앗는 것은 국가의 횡포입니다. 돈을 버는 이유도 범칙금 같은 부담에서 벗어나고 싶은 것도 있는데 그렇게 되면 애써 돈을 버는 이유가 없지 않습니까?"

"지금 뭐라고 했느냐? 내 귀가 의심스럽구나. 돈이 있으니 가난할 때 느끼는 범칙금 부담에서 벗어날 수 있고 돈이 있으니 필요에 따라 쉽게 법규를 어길 수 있게 되니 살기 편해졌다는 말 아니냐? 네 생각을 바꾸지 않으면 너는 죽은 후 지옥 불 속에서 오랫동안 고통받을 것이다. 학교에서 평등과 공평의 구분도 배우지 못하고 어떤 경우에 평등을, 어떤 경우에 공평을 우선해야 하는지도 배우지 못한 것 같구나."

"잘 모르겠습니다. 무엇이 잘못되었는지 저희에게 가르침을 주시기 바랍니다."

"잘 들어라. '평등'은 인간 존엄을 기준으로 하며 '공평'은 인간의 노력을 기준으로 한다. '평등'은 정신적 면에서 우선하며 '공평'은 물질적 면에서 우선한다. 범칙금의 경우는 물질적 사항이므로 '평등'이 아닌, '공평'을 기준으로 해야 한다. 이때 공평하기 위해서는 자신의 소득에 맞추어 법규 위반 시, 똑같은 부담으로 느껴지도록 하는 것이 공평한 일이다. 세 후 년간 20억 소득자와 세 후 2,000만 원 소득자는 범칙금에서 100배가 되어야 한다. 예를 들어 2,000만 원 소득자가 4만 원의 주차위반 범칙금을 낸다면 20억 소득자는 400만 원을 납부해야 할 것이다."

"판관님 말씀대로 공평을 기준으로 한다고 해도 주차위반에 400만 원을 벌금으로 낸다는 것은 범칙금이 아니라 범죄 취급을 하는 것 같습니다. 2~3배 많이 내는 것까지는 참겠으나 100배를 낸다는 것은 받아들일 수 없습니다. 우리가 무슨 큰 범죄를 저지른 것은 아니지 않습니까?"

"네 말대로 주차위반 정도의 행위는 큰 범죄는 아니다. 하지만 소득 대비 적은 범칙금으로 인해 국가 법규에 대해 쉽게 위반해도 된다는 생각을 마음속에 갖는 것은 국가를 위험에 빠뜨리는 중대한 범죄이다. 그 중대한 범죄를 저지르지 않도록 실제 소득에 맞추어 범칙금을 낼 필요가 있다. 그렇게 정할 것이니 판결 게시를 보고 불만이 있으면 그때 다시 말하거라."

"그렇게 부자들이 갖게 되는 특권들이 모두 없어지면 누가 부자가 되려고 노력하겠습니까? 부자가 되려고 노력하는 과정에서 국가가 발전하고 지상의 문명이 발전하는 것 아닙니까?"

"네가 돌아도 한참 돌았구나? 지금 지상의 문명이 발전했다고 정말 생각한단 말이냐? 지상 인간들의 욕심으로 천상의 신이 창조한 창조물 생명체의 반 이상이 지상에서 사라졌고 너희가 살고 있는 지상의 모든 것이 멸망해 버리기 직전이다. 그 맑던 공기는 숨쉬기 어려울 정도로 탁해졌고 그렇게 깨끗하던 물은 더 이상 찾기 힘들 정도이다. 너희 인간의 먹잇감으로 하루에도 수십만 마리의 가축들이 살육되고 있다. 너희 지상의 인간들은 어떤 악마 못지않은 잔인하고 무식한 족속으로 바뀌고 있는데, 지상의 문명이 발달했다고 생각하는 것이냐? 자동차가 있어 그렇게 좋으냐? 비행기가 있어 정말로 좋으냐? 휴대전화가 있어 그렇게 좋으냐? TV가 있어 정말로 인생이 즐거우냐? 자동차, 비행기, 휴대전화, TV가 정말로 너희를 행복하게 했느냐? 이런 것들을 진정 문명의 발달로 생각하느냐?"

이번에는 또 다른 억울함을 호소하는 사람이 조금 기다렸다가 판관에게 말했다.

"저는 회사 사장으로부터 폭행 및 상해를 당했는데 이를 고소하니 벌금으로 300만 원이 부과되었습니다. 우리 같은 사람 한 달 월급의 벌금은 가족의 생활에 막대한 영향을 미치기 때문에 감히 그런 범죄를 저지를 수 없지만, 한 달 수입이 5억 정도 되는 회사 사장은 저를 폭행하고 벌금으로 낸 300만 원은 식구들끼리 한 번 여행을 다니거나, 고급 옷 한 벌 값밖에 되지 않을 것입니다. 이처럼 범죄 행위에 대해 같은 벌금으로 누구나 똑같이 처벌을 한다는 것은 그 벌금의 경중이 너무도 차이가 큽니다. 돈이 많은 자들도 함부로 범죄를 저지르지 못하도록 이 또한 고려해 주시기 바랍니다."

"지상은 정말로 기이한 곳이구나. 같은 폭행죄라고 같은 벌금을 물린단 말이냐? 이 같은 법률은 분명 돈 많은 사람이 자신들을 보호하기 위해 만든 엉터리 법안이 지금까지 그들을 보호하는 세력에 의해 그대로 유지되는 것임이 틀림없다. 이런 것 하나 스스로 법률을 만들지 못할 정도로 지상은 타락해 있구나. 알겠다. 이번에 내가 바꾸어 주도록 하겠다."

"감사합니다. 꼭 저희들이 무시 받지 않도록 엄격하게 변경 시켜 주시기를 부탁드립니다."

"알겠다. 현재 300만 원이 국민 평균 월 소득이라 가정하고 모든 범죄에 대한 벌금형은 각자의 평균 월 소득을 기준 금액으로 변경하겠다. 너의 경우 같으면 네 사장은 너를 폭행한 죄에 대한 벌금으로 그의 월 소득과 같은 5억을 납부해야 할 것이다. 이는 앞으로는 물론이고 당장 너부터 해당되도록 소급 적용해 벌금을 물리겠다. 사자는 이 내용을 각 지역 대통령, 국무총리, 법무장관, 검찰총장에게 전달하고 즉시 시행토록 전달하라."

사자는 판관의 명령에 따라 즉시 언급된 사람에게 천상 판관의 명령서를 전달했다. 조금 있으니 이 법안에 불만을 가진 자들이 판관이 있는 언덕으로 모여들었다. 그중 한 사람이 판관의 결정을 이해할 수 없다며 이렇게 말했다.

"돈이 많다고 같은 죄를 다르게 처벌한다는 것은 위헌적 요소가 다분히 있습니다. 아무리 천상의 판관이라 해도 지상의 수 천 년 된 전통을 그렇게 갑자기 바꿀 수는 없습니다. 우리 지상의 사람들을 납득시켜 주시기 바랍니다."

"그래, 알았다. 네가 가진 불만을 말해 보거라."

"돈이 많건 적건 죄는 동일합니다. 만일 그렇다면 더 가난한 사람들은 죄를 저질러도 벌금을 거의 내지 않아도 된다는 말입니까? 그건 오히려 범죄를 부추기는 역할을 할 것입니다. 그리고 돈이 좀 있는 부자도 그 재산을 유지하기 위해 지출되는 비용들이 있는데 그렇게 많은 벌금은 아무리 돈이 많은 부자라도 감당할 수 없을 것입니다. 그러면 생활이 위축되고 경제 활동에 영향을 미쳐 부의 재창출에 악영향을 미칠 것입니다. 그리고 돈이 많은 것이 무슨 죄도 아닌데 돈이 많다는 이유로 더욱 가혹하게 처벌한다는 것은 이상하지 않습니까? 어쨌든 같은 범죄에 대한 벌금을 소득과 연동하는 것은 있을 수 없는 일입니다."

"너는 마치 범죄를 저지를 준비를 하고 있는 사람처럼 말하는구나. 벌금이 100배가 되든 1,000배가 되든 범죄를 저지르지 않으면 될 것 아니냐. 무엇이 두려워서 범죄에 대한 벌금 증액에 반대하느냐? 지금 너희가 반대하는 그 부담감을 가난한 자들은 벌써부터 짊어지고 살아왔다. 이제 너희도 같은 부담을 지고 살 게 될 것이다. 너희가 불만을 가질 이유가 하나도 없다. 가난한 사람들이더라도 범죄에 대한 벌금은 너무 적으면 안 되니, 전체 국민 중위 소득을 가진 자가 내는 벌금에 맞출 것이다. 범죄에 대한 벌금은 중위 소득을 기준으로 소득이 더 많은 사람에게만 연동해 증가시킬 것이다."

"만일 그렇다면 평등을 위해 벌금뿐 아니라 모든 상품의 가격도 가난한 사람에게는 싸게 팔고 부자에게는 비싸게 팔아야 하지 않겠습니까? TV값도 자장면값도 소득에 따라 달라져야 하는 것 아닙니까?"

"너는 지금 무슨 말을 하는 거냐? 지금 소득에 연동하는 것은 법을 어기는 범칙금과 벌금을 이야기하고 있는데 갑자기 다른 이야기를 하는 것이냐. 법의 준엄성이 부에 의해 무시되고 파괴되는 국가적 위기 상황을 해결하고자 하는 것이지 열심히 노력해서 재산을 모으고 그 재화로 자신이 사고 싶은 것을 구매하는 일반 경제 활동에 대해 말하는 것이 아니다. 일반 경제 활동은 고소득자 범죄 행위에 대한 소득 연동에 의한 처벌 강화와는 완전히 다른 일이다."

이때 조용히 있던 비상한 모습의 소년이 또 다른 문제를 제시했다.

"소득 연동형 범칙금, 벌금과 함께 기업에 대한 매출 연동 범칙금도 도입되어야 합니다. 예를 들어 월매출 1,000만 원 식당과 월매출 10억 원의 식당 모두 식품위생법 위반 시 500만 원의 범칙금을 부과하는데 이는 불합리합니다. 매출이 100배이면 범칙금도 100배인 5억 원이 부과되어야 합니다. 이는 매출이 많고 그에 따른 수익도 많아짐에 따라 범죄 행위에 대한 책임을 더욱 강화해야 하기 때문입니다. 즉 매출이 증가함에 따라 그 제품을 이용하는 사람이 증가하기 때문입니다. 일반 기업의 근로기준법과 같은 기업 관련 법규 위반 경우도 마찬가지입니다. 매출 20조 기업의 법률 위반 범칙금은 매출 2억 기업의 10,000배를 징수해야 합니다. 예를 들어 매출 2억 기업이 100만 원의 근로기준법 범칙금을 낸다면 매출 20조 기업은 같은 위반 사항에 대하여 그 10,000배인 100억의 범칙금을 내야 합니다. 이것이 공평한 법정신이 살아 있는 사회입니다. 이번 판결에 이것도 고려해 주시기 바랍니다."

"네 말대로이다. 오히려 지금까지 이처럼 불공평한 법을 잘도 참아 왔구나. 도저히 있을 수 없는 일들이 오랫동안 벌어지고 있으니 지상의 최고 가치가 '돈'이 되어 버렸구나. 이번에 내가 천신께 고해 돈 중심 세상의 잘못된 버릇을 반드시 고쳐놓고야 말겠다."

이때, 소년의 이야기를 듣던 대기업 운영자가 참을 수 없다는 듯 판관에게 이렇게 말했다.

"지금 농담하고 계시는 것이지요? 지상은 자본주의 사회입니다. 그리고 그 이념은 지상의 모든 것을 발전시켰고 또 문제점을 개선할 것입니다. 재화의 사적 소유권을 보장해 줌으로써 생기는 인간의 이기적 욕망은 지상을 끊임없이 더 좋은 세상으로 만들어 왔습니다. 이 기본 철학을 부정하라는 말입니까? 부에 의한 욕망의 해소, 특권의 소유, 세상의 지배, 이런 것들을 해체하시려는 겁니까? 아마도 오래지 않아 세상은 정체되고 의욕이 사라지며 오히려 또 다른 최악의 욕망, 즉 전쟁에 의한 정복에의 욕구로 세상은 멸망할지도 모릅니다."

"지상에서 수천 년 동안 세뇌당해서 그런지 너희들은 한결같이 비슷한 생각이구나. 지금 이 세상이 무엇이 그리도 자랑스러우냐? 천상에서 볼 때는 너희들 세상은 지금 거의 최악이다. 지금은 숨어 있을 뿐, 너희들이 바뀌지 않는다면 아마도 그 추악하고 비참한 결과가 곧 나타날 것이다. 사람들은 오만해져 있고 환경은 거의 파괴되어 있으며 생명의 멸종은 가속화되고 있다. 너희들이 자랑스러워하는 발전에의 욕망은 너희를 숨쉬기도 어렵게 하고 마실 물이 없어 목마르게 할 것이며 지상은 온통 오염과 오물 그리고 병원균과 전염병으로 가득 차게 될 것이다. 이미 때가 늦었을지도 모르지만 더 이상 늦는다면 정말로 지상의 삶은 파멸을 맞을 것이다."

이 말과 함께 판관은 거처로 돌아가 천신께 올릴 판결문을 만들었다. 잠시 후 판결문이 게시되었고 천신에 올리기 전, 마지막 이의를 제기하기 위해 사람들은 판결문을 자세히 읽었다.

「공평한 벌금 문제」에 대한 판결문

　동일한 벌금에 의해 일어나는 문제점들을 해결하기 위해 아래와 같이 판결한다. 국가는 이를 3개월 안에 즉시 시행하고 모든 관계 법령을 개정할 것을 명한다.

1. 규칙 위반에 대한 범칙금은 개인 소득 연동에 의해 차등 부과한다. 중위 소득자를 기준으로 하여 그 이상의 소득자는 예외 없이 소득에 비례하여 범칙금을 차등 부과한다.

2. 범죄에 대한 벌금 또한 개인 소득 연동에 의해 차등 부과한다. 중위 소득자를 기준으로 하여 그 이상의 소득자는 예외 없이 소득에 비례하여 범죄에 대한 벌금을 차등 부과한다.

3. 기업에 대한 법률 위반 벌금은 기업 매출 연동에 의해 차등 부과한다. 중위 기업 매출을 기준으로 하여 그 이상의 매출 기업은 예외 없이 매출에 비례하여 법률 위반에 대한 벌금을 차등 부과한다.

4. 소득 또는 매출 조작 등의 편법으로 위 사항을 어길 시는 차등 범칙금 또는 벌금의 100배를 징벌적으로 즉시 추가 부과한다.

천상의 판관

판결문이 공개되고 사람들은 환호하는 사람과 불만으로 가득 찬 사람으로 나뉘었다. 환호하는 사람들은 소득 연동 벌금 제도로 모든 사람이 법에 대한 같은 두려움을 가지게 된 것을 다행으로 생각했다. 반면 불만을 가진 사람들은 부에 의해 은밀하게 감추어져 있는 자신들의 특권이 사라진 것에 대하여 참기 힘들 정도로 반발하고 있었다. 그중 한 사람이 판관에게 이렇게 말했다.

"천상의 판관님, 지상의 모든 일에는 질서가 있습니다. 그 질서는 힘 있고 재산이 있는 사람들에 의해 품위 있고 교양 있게 인도되고 있었는데 사람들을 선도할 신분 계층이 없어지면 우리 세상의 품위와 교양은 사라지고 저속하고 교양 없는 사람들이 이끄는 난잡한 세상으로 바뀔 것입니다. 힘 있고 돈 있는 사람들의 특권이 부정적 요소가 없는 것은 아니지만, 오히려 긍정적 요소로 지상의 삶을 이끌어 왔다는 것을 알아주셨으면 합니다. 범칙금과 벌금도 최대 2배 정도의 선에서 조정해 주시기를 부탁드립니다."

"돈 있는 부자들이 품위가 있고 교양이 있다고 말하는 것이냐? 품위와 교양이 돈으로 가능하다고 생각하는 것이냐? 포도주의 이름을 알고 미국식 스테이크 먹는 법을 아는 것이 품위와 교양이라고 생각하느냐? 더 이상 할 말이 없구나. 대꾸할 가치도 없다. 다른 의견은 없느냐?"

대기업을 운영하면서 많은 돈을 잠시 소유한 자가 불만스럽게 이렇게 말했다.

"그럼, 저와 회사 사원들과 다른 점이 무엇입니까? 내가 그들을 고용하고 먹여 살리는데 똑같은 대우를 받고 살라는 말입니까? 그

2. 토론: 공평한 벌금 문제

렇다면 회사를 접고 가진 돈만으로 그냥 편히 살겠습니다."

"잘 생각했다. 너 같은 거만한 기업인은 하루빨리 사라지는 것이 국가를 돕는 일이다. 네가 재산을 얼마나 가지고 있는지 모르겠으나 일을 하지 않으면 아마도 오래지 않아 대부분의 재산은 평등세로 환수될 것이다. 가지고 있는 돈으로 편히 놀면서 풍족하게 살 생각은 꿈도 꾸지 말라."

결국, 누구도 천신의 판관을 논리적으로 설득시키지 못했고 판관의 판결문은 수정 없이 천신에게 상신되었다. 천신은 이제야 이런 보고가 되었는지 오히려 놀라면서 지상에 판결을 승인, 공표했다.

2. 토론: 공평한 벌금 문제에 대하여 (1-1)

문제 1 제시문의 결과를 찬성하는지 반대하는지 그 이유를 세 가지 들면서 자신의 의견을 논술하고 다른 의견을 가진 사람을 설득하시오. (600~1,200자)

2. 토론: 공평한 벌금 문제에 대하여 (1-2)

문제 1 제시문의 결과를 찬성하는지 반대하는지 그 이유를 세 가지 들면서 자신의 의견을 논술하고 다른 의견을 가진 사람을 설득하시오. (600~1,200자)

2. 토론: 공평한 벌금 문제에 대하여 (2)

문제 2 상대의 반대 의견에 대하여 논리적으로 반박하는 의견을 논술하시오. (600자)

2. 토론: 공평한 벌금 문제에 대하여 (3)

문제 3 (1) 상대의 반대 의견과 합의한 내용을 그 구체적 이유와 함께 기술하시오. (2) 합의가 안 됐을 경우, 상대방 의견을 고려한 일부 수정된 자신의 의견을 도출하고 그 이유를 구체적으로 설명하시오. (600자)

200자

400자

600자

3. 주제 토론: 공평한 벌금 문제에 대하여

사람들이 원하는 '세상의 것'도 구하고
행복도 찾으려 하는 것은
지나친 욕심이다.

〈위 글을 바탕으로 공평한 벌금 문제에 대하여 창작하시오.: 사회 비판 관점〉

4. 천자문 (55/125)

圖(그림 도) 寫(베낄 사) 禽(날짐승 금) 獸(짐승 수)
그림에는 다투는 짐승들이 많지만

畵(그림 화) 采(채색 채) 仙(신선 선) 靈(신령 령)
그중에서 눈에 뜨는 것은 신선이다.

도사금수　　　화채선령

圖寫禽獸 이고　畵采仙靈 이라.

신선은 다투지 않음으로 탄생하며 그것은 공평으로 시작한다.

[한자 세 번, 뜻 한 번을 쓰시오]

인문고전 추천 55

자본론 (마르크스)

카를 마르크스(1818-1883년)는 독일의 철학자, 경제학자, 역사학자, 사회학자, 정치이론가, 언론인, 공산주의 혁명가다.

대학에서 법학과 철학을 전공했다. 정치성 다분한 저술활동으로 인해 마르크스는 무국적자 신세로 수십년 간 영국 런던에서 망명생활을 했다. 런던에서 마르크스는 프리드리히 엥겔스와 합작, 대영박물관 열람실에서 연구하며 주요 저작을 남겼다. 그의 대표작은 1848년 출간된 소책자 《공산당 선언》과 3권짜리 《자본론》이다. 마르크스의 정치사상과 철학사상은 그 이후의 사상사, 경제사, 정치사에 거대한 영향을 남겼으며, 마르크스주의라는 일대 학파를 이루어 그 이름은 보통명사, 형용사화되었다.

마르크스의 사회경제정치이론을 집합적으로 마르크스주의라 한다. 마르크스주의에서는 인간 사회가 계급투쟁을 통해 진보한다는 관점을 가지고 있다. 자본주의 사회에서 그 계급투쟁은 지배계급인 부르주아와 피지배계급인 프롤레타리아 사이의 투쟁으로써 나타난다. 부르주아와 프롤레타리아를 가르는 기준은 생산수단을 통제하는지 여부다. 생산수단은 부르주아에 의해 통제되며, 프롤레타리아는 부르주아에게 자신의 노동력을 판매하고 그 대가로 임금을 받는 임노동자로 부역한다. 이것이 투쟁해야 하는 영역이다.

독서 노트 (55)

[자본론에 흐르는 정신(교훈)에 대하여]

1. 저자
   : 마르크스

2. 도서
   : 자본론 (1~3편)

3. 독서노트
   (1) 중요한 열 가지 이야기를 기술하시오. (각 100자)
   (2) 자본론에 흐르는 세 가지 정신(교훈)을, 내용을 인용하면서 각각 설명하시오. (각 250자)

4. 기간
   : 2주

독서노트

(1) 중요한 열 가지 이야기를 기술하시오. (각 100자)

1.

2.

3.

4.

5.

독서노트

(1) 중요한 열 가지 이야기를 기술하시오. (각 100자)

6.

7.

200자

8.

9.

400자

10.

600자

55. 우리 시대는 처벌에 대해 평등의 원칙을 잘 준수하는가

독서노트

(2) 권리를 위한 투쟁에 흐르는 세 가지 정신(교훈)을, 내용을 인용하면서 각각 설명하시오 (각 250자)

1.

2.

3.

Summary

1. 나에 대하여

: 나는 처벌과 형벌의 역할이 무엇이라고 생각하는가? (400자)

2. 토론

: 우리 시대는 처벌에 대해 평등의 원칙을 잘 준수하는가

3. 주제 토론

: 공평한 벌금 문제에 대하여

4. 천자문

5. 독서 노트

: 자본론 (마르크스)

공평한 벌금 문제에 대하여

✿ 55. 우리 시대는 처벌에 대해 평등의 원칙을 잘 준수하는지 자신의 생각을 종합하시오.

56. 우리 시대는 정당방위를 충분히 보장하고 있는가

정당방위 문제

56. 우리 시대는 정당방위를 충분히 보장하고 있는가

1. 나에 대하여

문제 정당방위의 긍정적 요소와 부정적 요소에 대해 자세히 기술하시오. (400자)

200자

400자

56. 우리 시대는 정당방위를 충분히 보장하고 있는가

2. 토론

정당방위 문제에 대하여

2. 토론: 정당방위 문제

8. 우리 시대는 정당방위를 충분히 보장하고 있는가

천신의 판결과 공표들이 지상에서 울려 퍼지고 지상의 오래된 부조리들이 해결되어 간다고 사람들은 생각했다. 이 같은 하늘에서 내려오는 판결문들을 듣고 있던 한 사람이 판관을 찾아와 자신의 억울함을 풀어달라고 호소했다.

"저는 감옥에서 10년을 복역하고 나온 사람입니다."

"그래, 무슨 죄를 지었느냐?"

"사람을 죽였습니다."

"사람을 죽게 했으면 10년 감옥 생활은 오히려 너무 짧구나. 억울할 것이 무엇이 있느냐?"

"사실은 이렇습니다. 저는 제 아내와 딸과 함께 행복하게 잘살고 있었습니다. 어느 날 저녁, 저희 집에 도둑이 들어왔습니다. 저는 이상한 소리에 깨, 도둑임을 확인하고 아내와 딸을 보호하기 위해 도둑과 대치했고 도둑에게 조용히 나가라고 했음에도 그는 칼을 들이대며 강도로 돌변했습니다. 저는 두려웠지만, 가족을 지킬 사람은 저밖에 없었기에 저도 부엌에 있는 칼을 집어 들었고 서로 칼을 빼앗으려 몸싸움을 하는 과정에서 도둑은 제 칼에 찔려 넘어지면서 머리를 마룻바닥에 부딪혔고 뇌진탕으로 정신을 잃었습니다. 급히 119 구조대를 부르고 병원에 이송했지만 결국 사망했습니다."

"그럼, 네가 죽인 자는 강도로 돌변한 도둑이었느냐?"

2. 토론: 정당방위 문제

"네, 그렇습니다."

"네 집안으로 침입한 강도를 죽였는데 10년을 복역했단 말이냐?"

"그렇습니다."

"그럴 리가 있느냐? 그때 판결한 지상의 판사는 무어라 하면서 그리 판결을 했느냐?"

"10년 전 제 판결을 했던 판사는 저의 정당방위를 인정하지 않고 일반 살인과 다르지 않게 판단했습니다. 제가 칼로 찌른 것은 사실이고 찌르지 않고 제압할 다른 수단이 있었음에도 과도하게 반응했다는 판단입니다. 제가 체격이 크고 운동도 많이 해서 건장하므로 칼을 쓰지 않아도 제압 가능했을 것이라는 논리입니다. 하지만 저희 집에서 칼을 들고 저와 가족들을 해치려는 자와 대치하는 상황에서 그렇게 냉정하게 대응할 수는 없었습니다."

"그렇구나. 네 말이 모두 사실이라면 정당방위가 인정되지 않았구나. 정확한 사실을 다시 한번 들어보자. 사자는 그때 판결을 담당한 판사와 검사, 변호사 모두 불러오너라."

사자는 즉시 그들을 데리고 왔고 데리고 오는 사이에 현재 상황을 설명해주었다. 판관이 우선 지상의 판사에게 물었다.

"10년 전, 살인 사건인데, 그때 너는 왜 정당방위를 인정하지 않았느냐? 자세히 말해 보거라."

"네, 그 사건은 명확합니다. 가해자는 무술 유단자였고 체격도 피해자보다 컸습니다. 칼을 사용해 생명을 빼앗지 않고도 도둑을 충분히 제압할 수 있었던 상황이었습니다. 가해자는 아무리 위급한 상

2. 토론: 정당방위 문제

황에서라도 타인에게 상해를 입히지 않도록 충분히 주의해야 할 의무가 있습니다. 가해자는 그 의무를 게을리했고 상해 정도가 살인에 이르는 큰 잘못을 했습니다."

"정당방위를 아주 엄격히 제한하는가 보구나. 왜 그렇게 까다롭게 정당방위를 인정하지 않으려 하느냐?"

"정당방위를 쉽게 인정하게 되면 모든 범죄를 정당방위로 변명하려 할 것입니다. 사람에 폭력을 휘두르고도 상대가 먼저 공격했다는 사실 하나로 정당방위를 주장하려 할 것입니다. 그러면 결국 모든 범죄에 정당성을 부여하는 꼴이 돼버릴 수 있습니다. 특히 그것이 살인 사건인 경우, 상대가 이미 죽고 없는 상황이기 때문에 얼마든지 상황을 조작할 수 있고 이는 더 많은 부작용을 발생시킬 수 있습니다. 억울함을 풀어 준다고 하면서 더 억울한 사건들을 만들 수도 있으며 최악의 경우는 상대에게 폭력을 행사하는 범죄를 저질렀을 때, 의도적으로 살인까지 저질러 자신의 폭행 사실을 정당방위로 감추려 할 위험도 있습니다."

"지상의 사람들은 언뜻 들으면 네 말이 일리가 있다고 생각할 수도 있겠다. 하지만, 네 생각과 판결에 있어 기본 전제가 잘못되어 있다. 판결의 올바른 전제는 정당방위를 먼저 증명하는 것이 아니라 오히려 정당방위를 위장한 범죄인 것을 우선 증명하도록 조사를 진행해야 한다는 것이다. 정당방위를 포괄적으로 인정하는 것은 대부분 많은 약자를 보호하기 위한 법률이고 이는 지상의 정의를 이끌어 가는 것이다. 하지만 정당방위를 엄격하게 적용하는 것은 사악한 자들이 저지르는 범죄 행위와 그 가해자들을 보호하기 위한 것이다.

2. 토론: 정당방위 문제

정당방위를 이용하여 자신의 범죄를 덮으려는 사악한 자들에 의한 피해자가 많겠느냐, 정당방위가 적용되지 않아 피해를 보는 사람들이 많겠느냐? 정당방위의 엄격한 적용에 의한 지상의 정의는 피해를 줄이는 소극적 정의이고, 그 포괄적 적용은 사람들의 정의감을 북돋아 사회를 용기 있게 바꾸는 적극적 정의이다. 네가 생각하는 대로 법률을 적용하다 보면 사람들은 누군가 범죄를 당할 때도 소극적으로 대응할 수밖에 없고 누군가 범죄를 당하는 것을 보더라도 용기 있게 나서 피해자를 돕기도 어려워진다. 자신의 정당방위도 잘 인정되지 않는데 다른 사람의 정당방위를 돕는 것이 인정될 리가 없다고 생각하기 때문이다. 이렇게 정당방위가 적극적으로 그리고 포괄적으로 인정되지 않으면 지상은 겁쟁이들로 가득할 것이다."

"하지만 정당방위를 적극적, 포괄적으로 인정하다 보면 자신의 개인적 생각을 기준으로 자신이 정당하다고 생각하고 타인에게 위해를 가할 수 있지 않습니까?"

"그것이 바로 너희들 법률가 집단, 판사, 검사, 변호사, 경찰들이 밝히고 판단해야 할 일 아니냐? 그것이 어렵다고 지상에서 정의감과 용기를 몰아내려 하느냐?"

다음으로 판관은 정당방위로 사람을 죽인 사람의 정당성을 인정하지 않은 검사에게 그 근거와 이유를 물었다. 검사가 나와 판관에게 자신의 판단과 구형 내용을 이렇게 설명했다.

"제가 판단한 근거는 정당방위가 인정되기에 부족했기 때문이었습니다. 정당방위가 인정되려면 정말로 자신의 생명이 위협받을 정도의 상황이었는지입니다. 정당방위를 주장하는 가해자는 실제로는

2. 토론: 정당방위 문제

칼로 위협만 받았을 뿐, 상해를 입지도 않았으며 체격적으로도 강도로 돌변했던 피해자보다도 우위에 있어 얼마든지 살인은 피할 수 있었다고 판단해 10년을 구형한 것입니다."

"그래, 네가 판단한 이유가 겨우 체격이냐? 다른 근거는 없느냐?"

"제가 사법 시험을 보기 위해 공부한 법률 내용과 판례 등을 살펴보아도 제가 판단한 것과 동일한 판단을 오랫동안 적용해 왔고 판례도 수도 없이 많습니다. 그 판례를 근거로 구형한 것입니다."

"그 판단 근거가 판례라고 했느냐? 판사나 검사나 판례나 참고하는 철학 없는 지식 졸부들이구나. 그렇다면 너희보다 AI가 더 잘 판단하지 않겠느냐? 네 자신의 생각을 말하라고 하니, 법률, 판례 타령만 하고 있으니 지상의 법률가들에게 맡겨놓으면 아무 일도 안 되겠다."

판관은 이 사건을 변호했던 변호사를 불러 당시 상황에 대해 다시 이렇게 물었다.

"네가 정당방위에 대한 변호를 했으니 이 사건에 대한 네 생각을 말해 보아라. 너는 어떤 생각을 가지고 변호에 임했느냐?"

"저는 피고인이 가난하여 민간 변호사를 선임할 수 없어 국가에서 지정한 국선 변호사입니다. 제가 담당해서 변호해야 할 사건이 너무 많아 깊이 있게 변호할 만한 시간과 여유가 없습니다. 제 10년 전 기억으로는 이 사건은 앞서 이야기된 바대로 너무도 명확히 정당방위를 입증할 수 없는 사건으로 기억하며 검사와 판사를 설득할 수 없다고 판단하여 피고인의 주장을 정리하여 형식적으로 변호하는 수밖에 없었습니다.

56. 우리 시대는 정당방위를 충분히 보장하고 있는가

2. 토론: 정당방위 문제

그 사건은 이미 결정 난 것이나 다름없어 그 당시 법률과 판례를 참고할 수밖에 없는 국선 변호사인 제가 할 수 있는 것은 아무것도 없었습니다."

"변호사도 별수 없구나. 결국, 가난한 자들은 제대로 준비된 변호를 받을 수 없다는 말이구나. 도대체 정당방위에 관한 지상의 법률과 판례가 왜 이리 엉터리가 되었는가? 누가 할 말 없느냐?"

이때 다시 소년이 판관 앞으로 나와 정당방위가 지상에서 쉽게 인정되지 않는 이유에 대하여 이렇게 말했다.

"정당방위는 원래 위기에 처한 자, 약자를 위한 것입니다. 그러니 정당방위를 인정하면 곤란한 자들이 미리 손을 쓰는 것이지요. 힘 있는 자들은 그 힘을 이용해서 자신이 원하는 모든 것을 얻으려고 하고 그것에 저항하는 사람들을 힘으로 제압하여 자신의 목적을 이루려 합니다. 그런데 정당방위를 적극적, 포괄적으로 적용하면 자신의 위력에 대하여 저항하려 할 것이기 때문에 그 꼴이 보기 싫다는 것입니다. 돈이나 세력이 있는 자들도 마찬가지입니다. 자신의 돈과 세력으로 위력을 행사하고 싶은데 혹시라도 그 위력에 저항하면 곤란하게 됩니다. 돈과 세력이 있으면 누군가를 다수 고용해 약자들을 괴롭힐 수 있는데 정당방위가 인정되면 생각대로 하기 어려워지기 때문입니다. 즉, 누군가를 가해할 수 있는 힘 또는 위력을 가진 자는 약자들이 그것에 저항하기 어렵게 정당방위를 까다롭고 엄격하게 적용하기를 바라고 그것들을 법을 제정하는 국회의원 등을 매수, 공모하여 자기들 유리한 데로 정해 버린 것입니다. 오랫동안 그 법률과 재판 결과가 그렇게 적용되어 생각 없이 시험만 봐서 임용된 판사, 검사, 변호사들이 멍청하게 그대로 그 판결을 따르고 있는 것 같습니다."

"무슨 말인지 알겠다. 정당방위의 적용을 약화시켜 약자들의 저항을 무력화시키려는 의도구나. 사람들의 저항 정신을 무력화시키려는 의도도 있겠지. 지상의 법률가들은 멍청한 것도 있지만 아마도 그편이 그들에게도 이익이 된다고 판단했기 때문일 것이다. 돈과 힘 있는 사람 편을 드는 것이 여러모로 도움과 이익이 될 것이니 말이다. 이는 내가 두고 볼 수 없으니 천신께 내 판결을 올리겠다."

이때, 오랫동안 언론사를 이끌어온 사람이 판관의 판결에 대하여 걱정하면서 이렇게 말했다.

"정당방위가 적극적으로 적용되고 그를 바탕으로 저항권이 인정된다면 모두 정당방위를 주장하며 지상은 범죄로 가득해질 것입니다. 지상의 사람들은 모두 이기적이고 탐욕스러워, 모든 일을 자신의 이익과 욕심을 채우는 데 혈안이 되어 있는데 자신에게 조금만 피해를 줘도 정당방위를 사칭해서 범죄를 저지를 겁니다."

"네가 언론사 사장을 하더니 다 너 같은 줄 아는가 보구나. 세상은 그렇게 나쁜 사람들만 있는 것이 아니다. 정당방위는 올바른 사람이 부당한 일을 당할 때 저항을 허락하는 것으로 한정되는 것이다. 올바르지 않은 사람에게는 그리고 정당하지 않은 일에 대해서는 정당방위를 주장할 전제 조건이 성립되지 않는 것이다. 너는 네 특권이 무너질까 두려워 그리고 너보다 약한 사람들이 혹시 대항할까 두려워 그러는 것 아니냐. 너 자신을 부끄러워하거라."

이때 소년이 다시 판관에게 나서 한 가지 더 판결에 포함해 달라

2. 토론: 정당방위 문제

면서 이렇게 말했다.

"지상은 여자들이 살기에 매우 위험합니다. 남자들은 자신들의 힘을 이용해 여자들에게 폭력과 위력을 행사하고 있고 여자들은 이에 제대로 저항하지 못한 채 당하고 있습니다. 이성적 논리적인 합의가 아닌 모든 위력과 폭력에 대해 여성들이 정당방위로써 저항할 수 있게 해주십시오."

"알겠다. 지상에는 참 모자란 자들로 가득하구나. 자신의 육체적 힘을 그런 곳에 쓰려고 하다니, 엄격히 판결에 적용하도록 추가하겠다."

그러자 이번에는 자신을 신문기자라 소개하며 여자들의 정당방위 문제에 대하여 이렇게 말했다.

"판관님은 지상의 여자들을 잘 모르셔서 그러시지만, 사실 지상의 여자들이 지금도 그렇게 당하고만 살고 있지는 않습니다. 모든 부분에서 배려되고 있고 범죄나 성 문제 등에 있어 지나치다 싶게 이미 보호되고 있습니다. 오히려 남자들이 역차별로 불이익을 당하고 있는 실정입니다. 남녀 문제는 지상의 사람들이 잘해나가고 있으니 별도로 판결문에 추가할 필요는 없으리라 생각합니다. 고려해 주시기 바랍니다."

"그런데, 너는 왜 여자들의 정당방위를 강화한다는데, 굳이 반대하려 하느냐?"

"여자들도 그렇게 좋은 사람들만 있는 것이 아니라, 정당방위를 이용해서 남자들을 더욱더 자기 맘대로 하려는 경우가 더욱 늘어날 것으로 생각하기 때문입니다."

2. 토론: 정당방위 문제

"지금 네 말도 결국 약자들이 너희들과 동등해지려는 시도를 두고 볼 수 없다는 말 아니냐. 지상의 사람들은 힘을 조금 가지면 그 힘을 이용해 자신의 특권을 누리려고 안달이 나 있구나. 분명 좋지 않은 여자들도 있을 것이지만 그것은 좋지 않은 남자들의 비율과 다르지 않을 것이다. 모든 것을 종합적으로 고려할 때 약자에게 정당방위를 폭넓게 적용하려는 것이니 어리석은 생각은 그만하거라. 네가 그렇게 말하는 것을 들으니 여자들의 정당방위는 더욱 보장해 주어야겠다."

판관이 천신께 상신할 판결문을 작성하고 있는 동안 사람들은 정당방위에 대한 하늘의 판결이 어떻게 나올지 궁금해하면서 기다렸다. 잠시 후, 천신에 보고할 판결문이 사전 공지되었고 사람들의 의견을 듣겠으니 판관이 있는 언덕으로 와서 의견을 제시하라고 첨언 되었다. 정당방위에 대한 천신의 판결에 이의가 있는 사람들이 천신의 언덕으로 모여들었다. 그중 한 사람이 이는 지상에서는 실시 불가능한 판결이라며 판관이 있는 곳에 나서서 이렇게 말했다.

"정당방위가 약자를 위한 법률임은 알겠지만, 약자가 모두 올바른 사람은 아니라는 것을 판관께서는 간과하신 것 같습니다. 죄는 올바름과 올바르지 않음으로 판단해야지 약자와 강자로 죄를 판단할 수는 없지 않습니까?"

"그래, 바로 네가 말한 그대로이다. 약자와 강자는 올바름과 아무 관계 없다. 단지 정당방위를 적극 적용하여, 강자를 보호하기 위해 범죄와 위력 행위를 강자 중심으로 판단하지 않고, 그 올바름으로 판단하겠다는 것이다. 즉, 강자라는 배경을 이용해서 올바르지

2. 토론: 정당방위 문제

「정당방위 문제」에 대한 판결문

정당방위의 엄격한 적용에 의해 일어나는 문제점들을 해결하기 위해 아래와 같이 판결한다. 국가는 이를 3개월 안에 즉시 시행하고 모든 관계 법령을 개정할 것을 명한다.

1. 정당방위적 요소가 있으면 그것을 적극적으로 인정하며 특별한 사유가 있지 않은 한 모든 민·형사 책임을 부과하지 않는다. 정당방위의 적용 불가 사유는 국가 사법 기관에서 증명해야 한다.

2. 폭력 범죄에 대한 정당방위는 예외 없이 인정하며, 폭력 또는 위력의 행사를 당하고 있는 타인을 돕는 과정도 정당방위와 동일하게 적용한다.

3. 여성에 대한 모든 범죄와 위력 과정에서 발생한 여성의 저항은 예외 없이 정당방위를 인정한다. 여성에게 위해를 가한 가해자가 범죄의 과정에서 피해를 보았다 하더라도 그 책임을 묻지 않으며 그 여성에 대한 위해자만 처벌한다.

4. 정당방위와 관련한 위 판결은 100년 동안 우선 실시하며 법 개정은 그 이후에만 가능하다.

천상의 판관

2. 토론: 정당방위 문제

않음에도 불구하고 올바른 약자들에게 함부로 행동하지 못하게 하는 것이 이번 정당당위 판결의 목적인 것이다. 네 스스로 판관의 판단 이유를 말해주는구나. 또 다른 이견은 없느냐?"

이때 오랫동안 정치가로서 실권을 잡고 있는 자가 그래도 도저히 판결 내용은 이해할 수 없다는 듯 말했다.

"판관님의 판결 목적은 이해합니다만 분명 정당방위를 이용하려는 약자들이 있을 것이고 세상은 오래지 않아 혼란 속에 빠질 것입니다. 절대 게시하신 판결 그대로 시행하시면 안 됩니다."

"네가 꽤 약자들을 괴롭혀 왔나 보구나. 천상에서 보면 다 알 수 있다. 물론, 사람들은 정당방위를 악의적으로 이용할 수도 있을 것이다. 하지만, 네 말과 반대로, 약자보다 강자들이 오히려 더 정당방위를 이용하려 시도할 것이다. 어쨌든 사람들의 악의적 이용 가능성이 있음에도 불구하고 이번 판결을 진행하는 이유는 좀 전에도 말했듯이 지상 사람들의 '정의로운 용기'를 살리려는 것이다. 지상의 사람들은 정의를 위한 용기를 잃어 가고 있다. 어떤 희생을 치르더라도 이를 내버려 둘 수는 없는 일이다."

더 이상의 이견은 없었다. 판관은 천신에게 정당방위에 관한 판결을 상신했고 천신은 즉시 승인, 지상에 공표했다.

2. 토론: 정당방위 문제에 대하여 (1-1)

문제 1 제시문의 결과를 찬성하는지 반대하는지 그 이유를 세 가지 들면서 자신의 의견을 논술하고 다른 의견을 가진 사람을 설득하시오. (600~1,200자)

2. 토론: 정당방위 문제에 대하여 (1-2)

문제 1 제시문의 결과를 찬성하는지 반대하는지 그 이유를 세 가지 들면서 자신의 의견을 논술하고 다른 의견을 가진 사람을 설득하시오. (600~1,200자)

2. 토론: 정당방위 문제에 대하여 (2)

문제 2 상대의 반대 의견에 대하여 논리적으로 반박하는 의견을 논술하시오. (600자)

2. 토론: 정당방위 문제에 대하여 (3)

문제 3 (1) 상대의 반대 의견과 합의한 내용을 그 구체적 이유와 함께 기술하시오. (2) 합의가 안 됐을 경우, 상대방 의견을 고려한 일부 수정된 자신의 의견을 도출하고 그 이유를 구체적으로 설명하시오. (600자)

3. 주제 토론: 정당방위 문제에 대하여

바다는
바람이 일어도
걱정하지 않는다.

〈위 글을 바탕으로 정당방위 문제에 대하여 창작하시오.: 사회 비판 관점〉

4. 천자문 (56/125)

丙(남녘 병) 舍(집 사) 傍(곁 방) 啓(열 계)
남으로 문을 열어 편리를 도모하였고

甲(갑옷 갑) 帳(휘장 장) 對(대답할 대) 楹(기둥 영)
갑옷으로 기둥처럼 사람을 편안히 대하였다.

병사방계   갑장대영

丙舍傍啓 이고   甲帳對楹 이라.

군자의 역할은 사람을 편하게 하는 것이다.

[한자 세 번, 뜻 한 번을 쓰시오]

방법서설 (데카르트)

《방법서설》(方法序說)은 프랑스의 철학자 르네 데카르트가 1637년에 쓴 철학서이다. 책의 완전한 제목은 《이성을 올바르게 이끌어, 여러 가지 학문에서 진리를 구하기 위한 방법의 서설》이다. 방법서설은 "나는 생각한다. 그러므로 나는 존재한다(cogito ergo sum)"는 글로 유명하다. 또 이 책에서 데카르트는 직교 좌표계를 처음으로 소개하였다.

"양식(良識)은 이 세상에서 가장 공평하게 배분되어 있는 것이다.…바르게 판단하고, 참을 거짓과 구별하는 능력, 그것이 바로 양식 또는 이성이라고 불리는 것인데, 이것은 날 때부터 타고난 것이며 사람에게 평등하다." 이와 같이 유명한 구절로 시작되는 이 책은 자주 사상의 영역에 있어서의 '인권선언'이라고 일컬어져 왔다.

이 이성능력에서의 평등이라는 생각을 한발 추진시켜, 사회적 시야로 바꿔 놓고 본다면 바로 루소의 평등사상으로 전화(轉化)한다는 것이다. 그러나 과연 데카르트는 인간의 평등이라는 말을 하고자 했던 것일까, 이 글을 깊이 읽으면 거기에 감추어져 있는 회의적 어조는 수없이 많다. 그는 결코 양식의 보편성을 낙관하고 있는 것이 아니다. 그 증거로 "모든 사람은 동일한 자연적 빛을 갖추고 있기 때문에, 그들은 모두 같은 관념을 지니고 있어야 할 것으로 생각된다.

독서 노트 (56)

[방법서설에 흐르는 정신(교훈)에 대하여]

1. 저자
   : 데카르트

2. 도서
   : 방법서설

3. 독서노트
   (1) 중요한 열 가지 이야기를 기술하시오. (각 100자)
   (2) 방법서설에 흐르는 세 가지 정신(교훈)을, 내용을 인용하면서 각각 설명하시오. (각 250자)

4. 기간
   : 2주

독서노트

(1) 중요한 열 가지 이야기를 기술하시오. (각 100자)

1.

2.

3.

4.

5.

독서노트

(1) 중요한 열 가지 이야기를 기술하시오. (각 100자)

6.

7.

200자

8.

9.

400자

10.

600자

독서노트

(2) 권리를 위한 투쟁에 흐르는 세 가지 정신(교훈)을, 내용을 인용하면서 각각 설명하시오 (각 250자)

1.

2.

3.

Summary

1. 나에 대하여

: 정당방위의 긍정적 요소와 부정적 요소에 대해 자세히 기술하시오. (400자)

2. 토론

: 우리 시대는 정당방위를 충분히 보장하고 있는가

3. 주제 토론

: 정당방위 문제에 대하여

4. 천자문

5. 독서 노트

: 방법서설 (데카르트)

정당방위 문제에 대하여

✿ 56. 우리 시대는 정당방위를 충분히 보장하고 있는지 자신의 생각을 종합하시오.

토론의 정석 1

인문철학교육총서

토론의 정석 1

49. 우리 시대 약자는 살기 괜찮은가: 약자에 대한 판결 불공정 문제

50. 우리 시대 교육은 문제없는가: 대학 서열 문제

51. 우리 시대 직업은 그 역할을 다하고 있는가: 직업 서열 문제

52. 우리 시대는 술과 정신병 문제에 대한 대처를 잘하고 있는가: 술, 정신병 문제

53. 우리 시대는 부동산 등 불로소득을 잘 징계하고 있는가: 부동산, 불로소득 문제

54. 우리 시대 종교는 타락하고 있지 않은가: 타락한 종교 문제

55. 우리 시대는 처벌에 대해 평등의 원칙을 잘 준수하는가: 공평한 벌금 문제

56. 우리 시대는 정당방위를 충분히 보장하고 있는가: 정당방위 문제

인문철학수업총서 7

인문철학교육총서 1~13권 도서 목록

인문철학교육총서 1~13권, 도서 목록 (1)

순서	도서	작가	관련 수업
1	15소년 표류기	쥘 베른	3권 22강
2	걸리버 여행기	스위프트	13권 101강
3	공포와 전율	키르케고르	8권 63강
4	구토	사르트르	5권 35강
5	국가 1	플라톤	1권 6강
6	국가 2	플라톤	1권 8강
7	군주론	마키아벨리	5권 39강
8	권력에의 의지(1권)	니체	9권 72강
9	권력에의 의지(2권)	니체	10권 73강
10	그리스로마 신화	不明	2권 10강
11	그림 동화집	그림	1권 4강
12	금강경	석가모니	13권 98강
13	꿈의 해석(1~3장)	프로이드	9권 67강
14	꿈의 해석(4~5장)	프로이드	9권 71강
15	나비	헤르만 헤세	5권 40강
16	나의 라임오렌지나무	바스콘셀로스	3권 17강
17	노자	노자	6권 45강
18	논어	공자	12권 91강
19	니코마코스 윤리학	아리스토텔레스	11권 86강
20	달과 6펜스	서머싯 몸	3권 20강
21	대학	증자	13권 99강
22	데미안	헤르만 헤세	4권 27강
23	도덕의 계보	니체	12권 89강
24	디아프살마타	키르케고르	3권 17강
25	로빈슨 크루소	대니얼 디포	13권 104강
26	리바이어던	홉스	6권 46강
27	마지막 잎세, 크리스마스 선물	오 헨리	6권 41강
28	맹자	맹자	12권 92강
29	멕베스	세익스피어	10권 80강
30	명상록 1	아우렐리우스	1권 4강
31	명상록(전권)	아우렐리우스	9권 70강
32	명상록 2	아우렐리우스	2권 13강
33	명상록 3	아우렐리우스	4권 30강
34	모파상 단편집	모파상	2권 14강
35	목민심서	정약용	10권 78강
36	문학이란 무엇인가	사르트르	4권 31강
37	바보이반	톨스토이	1권 3강
38	반시대적 고찰 1	니체	2권 16강
39	반시대적 고찰 2	니체	9권 66강
40	반지의 제왕	톨킨	7권 50강
41	방법서설 1	데카르트	1권 7강
42	방법서설 2	데카르트	7권 56강
43	법구경	법구	5권 33강
44	변신	카프카	3권 24강

인문철학교육총서 1~13권, 도서 목록 (2)

순서	도서	작가	관련 수업
45	별, 마지막 수업	알퐁스 도데	4권 26강
46	보물섬	로버트 스티븐슨	2권 11강
47	보왕삼매론	묘협	5권 40강
48	비밀의 화원	프랜시스 버넷	1권 5강
49	빨강 머리 앤	루시 몽고메리	8권 59강
50	사람에게는 얼마만큼의 땅이 필요한가	톨스토이	1권 3강
51	사람은 무엇으로 사는가	톨스토이	1권 3강
52	사랑의 학교	아미치스	1권 7강
53	사회계약론	루소	4권 25강
54	사회계약론	루소	8권 58강
55	삼국유사	일연	4권 25강
56	삼국유사(2)	일연	8권 64강
57	삼국지 1	나관중	2권 15강
58	삼국지 2	나관중	6권 43강
59	생의 한가운데	루이제 린저	3권 18강
60	생의 한가운데(2)	루이제 린저	11권 82강
61	서광	니체	13권 97강
62	선악을 넘어서	니체	11권 81강
63	성찰	데카르트	3권 18강
64	소공녀	프랜시스 버넷	2권 13강
65	소월의 명시	김소월	7권 51강
66	소크라테스의 변명	플라톤	1권 1강
67	수상록	몽테뉴	11권 84강
68	순수이성비판	칸트	12권 95강
69	신논리학	베이컨	2권 9강
70	아라비안나이트	불명	2권 16강
71	안네의 일기	안네 프랑크	4권 25강
72	안데르센 동화집	안데르센	1권 2강
73	어느 개의 고백	카프카	3권 24강
74	어린 왕자 2	생텍쥐페리	2권 14강
75	어린 왕자 1	생텍쥐페리	2권 9강
76	엉클 톰스 캐빈	스토	3권 21강
77	역사철학강의	헤겔	5권 36강
78	예링	권리를 위한 투쟁	7권 54강
79	예언자 1	칼릴지브란	2권 12강
80	예언자 2	칼릴지브란	3권 19강
81	왕자와 거지	마크트웨인	4권 29강
82	육조단경	혜능	12권 94강
82	유토피아	토마스 모어	8권 57강
84	의무론	키케로	5권 34강
85	이방인	까뮈	8권 61강
86	이솝우화(2)	이솝	13권 100강
87	이솝우화 1	이솝	1권 1강
88	이솝우화 2	이솝	4권 32강

인문철학교육총서 1~13권, 도서 목록 (3)

순서	도서	작가	관련 수업
89	인간 불평등 기원론	루소	1권 5강
90	인간적인 너무나 인간적인 1	니체	1권 2강
91	인간적인 너무나 인간적인 2	니체	6권 47강
92	인간적인 너무나 인간적인 3	니체	6권 48강
93	일리아드 오디세이	호메로스	6권 44강
94	자본론(1~3편)	마르크스	7권 55강
95	자본론(4~7편)	마르크스	8권 62강
96	잠언	성서	5권 38강
97	장자 1	장자	2권 15강
98	장자 2	장자	7권 49강
99	젊은 베르테르의 슬픔	괴테	3권 19강
100	정치학	아리스토텔레스	5권 37강
101	제인 에어	샬럿 브론테	13권 103강
102	존 S. 밀	자유론	7권 52강
103	존재와 무(2부)	사르트르	9권 69강
104	존재와 무(3부)	사르트르	10권 77강
105	존재와 무(4부)	사르트르	11권 85강
106	존재와 무(서론, 1부)	사르트르	9권 68강
107	존재와 시간(서론)	하이데거	10권 75강
108	주역	不明	9권 65강
109	중용	자사	12권 90강
110	즐거운 지식	니체	10권 76강
111	지하생활자의 수기	도스토예프스키	1권 3강
112	지하생활자의 수기(전권)	도스토엡스키	11권 83강
113	차라투스트라는 이렇게 말했다	니체	3권 22강
114	차라투스트라는 이렇게 말했다(1,2부)	니체	8권 60강
115	차라투스트라는 이렇게 말했다(3,4부)	니체	12권 93강
116	채근담	홍자성	12권 96강
117	철학자들의 생각 1	不明	6권 42강
118	철학자들의 생각 2	不明	6권 44강
119	체호프 단편선	체호프	3권 23강
120	키다리 아저씨	진 웹스터	13권 102강
121	탈무드 1	不明	1권 5강
122	탈무드 2	不明	1권 6강
123	톰 소여의 모험	마크트웨인	1권 8강
124	팡세	파스칼	4권 28강
125	프린키피아	뉴턴	10권 74강
126	국가	플라톤	7권 53강
127	한비자 1	한비	2권 10강
128	한비자 2	한비	3권 21강
129	햄릿	세익스피어	11권 88강
130	헤세의 명시	헤르만 헤세	10권 79강
131	황금 머리를 가진 사나이	알퐁스 도데	5권 40강
132	황금의 가지	프레이저	11권 87강

토론의 정석 1

| 인문철학교육총서 7 |

명예를 위해 살지 말고
명예롭게 살라.

인문철학교육총서 1~13

고전인문철학수업 1: 과거를 창조함

고전인문철학수업 2: 제 3의 탄생

고전인문철학수업 3 : 여유로움과 나태함

고전인문철학수업 4 : 평등한 세상

고전인문철학수업 5 : 배려와 희생

고전인문철학수업 6 : 이해와 사랑

토론의 정석 1 : 약자에 대한 배려

토론의 정석 2 : 계층 문제

논술의 정석 1: 인간과 문화

논술의 정석 2 : 인간과 평화

논술의 정석 3 : 인간과 합리

창작의 정석 1 : 명예로움에 대하여

창작의 정석 2 : 바라지 않음에 대하여

토론의 정석 1

1판1쇄　∥　2024년 1월 1일
지은이　∥　김주호
펴낸곳　∥　지성과문학사
등록　　∥　제251-2012-40호
전화　　∥　031-707-0190
팩스　　∥　031-935-0520
이메일　∥　bookfs@naver.com

ISBN 979-11-91538-83-0 (03100)

출판사의 허락 없이 무단 복제와 무단 전재를 금합니다.
잘못된 책은 구입처에서 교환해 드립니다.
이 책에서 사용된 문양은 한국문화정보센터가 창작한 저작들을 공공누리 제 1유형에 따라 이용합니다.

이 책의 모든 저작권은 지성과문학사가 가지고 있습니다.

✿ 고전인문철학수업 1

1. 과거를 창조함에 대하여 (플라톤, 소크라테스의 변명)
2. 소극적 자유와 적극적 자유에 대하여 (니체, 인간적인 너무나 인간적인)
3. 자유의지에 대하여 (도스토예프스키, 지하생활자의 수기)
4. 자유로운 일과 자유를 주는 일에 대하여 (아우렐리우스, 명상록)
5. 창조의 힘, 개별의지에 대하여 (루소, 인간불평등기원론)
6. 개별의지의 적용에 대하여 (플라톤, 국가 Ⅰ)
7. 선택받는 삶과 선택하는 삶에 대하여 (데카르트, 방법서설)
8. 올바름과 어리석음에 대하여 (플라톤, 국가 Ⅱ)

✿ 고전인문철학수업 2

9. 제3의 탄생에 대하여 (베이컨, 신논리학)
10. 꿈의 구조도에 대하여 (한비, 한비자)
11. 생각의 지도에 대하여 (통합사유철학강의)
12. 숭고한 나눔에 대하여 (칼릴지브란, 예언자)
13. 명예로운 삶에 대하여 (아우렐리우스, 명상록)
14. 우리에게 중요한 것들에 대하여 (생텍쥐페리, 어린 왕자)
15. 삶의 목적에 대하여 (장자, 장자)
16. 참과 진리에 대하여 (니체, 반시대적 고찰)

✿ 고전인문철학수업 3

17. 여유로움과 나태함에 대하여 (키르케고르, 디아프살마타)
18. 성찰과 회복에 대하여 (데카르트, 성찰)
19. 아름다움에 대하여 (칼릴지브란, 예언자)
20. 행동과 열정에 대하여 (서머싯 몸, 달과 6펜스)
21. 겸손과 지혜에 대하여 (한비, 한비자)
22. 인식의 세 단계에 대하여 (니체, 차라투스트라는 이렇게 말했다)
23. 진실과 오해에 대하여 (체호프, 체호프 단편선)
24. 인간의 조건에 대하여 (카프카, 변신)

✿ 고전인문철학수업 4

25. 평등한 세상을 위하여 (루소, 사회계약론)
26. 인간의 본성에 대하여 (알퐁스 도데, 별)
27. 문제와 해결에 대하여 (헤르만 헤세, 데미안)
28. 허영과 충만에 대하여 (파스칼, 팡세)
29. 편견과 본성에 대하여 (마크트웨인, 왕자와 거지)
30. 자기철학에 대하여 (아우렐리우스, 명상록)
31. 자존과 수용에 대하여 (사르트르, 문학이란 무엇인가)
32. 노력과 만족에 대하여 (이솝, 이솝 우화)

✿ 고전인문철학수업 5

33. 배려와 희생에 대하여 (법구, 법구경)
34. 유익과 선에 대하여 (키케로, 의무론)
35. 존재에 대하여 (사르트르, 구토)
36. 시대정신에 대하여 (헤겔, 역사철학강의)
37. 목적과 자격에 대하여 (아리스토텔레스, 정치학)
38. 인내와 용기에 대하여 (성서, 잠언)
39. 배움의 이유에 대하여 (마키아벨리, 군주론)
40. 성공의 길과 진리의 길에 대하여 (헤르만 헤세, 나비)

✿ 고전인문철학수업 6

41. 이해와 사랑에 대하여 (오헨리, 마지막 잎새)
42. 이해와 득실에 대하여 (냉철한 그리고 분노하는, 철학자들의 생각)
43. 합리적 계책에 대하여 (나관중, 삼국지)
44. 평등과 자격에 대하여 (냉철한 그리고 분노하는, 철학자들의 생각)
45. 시간과 존재에 대하여 (실존을 넘어서)
46. 자유와 평등에 대하여 (홉스, 리바이어던)
47. 관계와 인간에 대하여 (니체, 인간적인 너무나 인간적인 Ⅰ)
48. 나와 [나]에 대하여 (니체, 인간적인 너무나 인간적인 Ⅱ)

✿ 토론의 정석 1
| 고전인문철학수업 7 |

49. 우리 시대 약자는 살기 괜찮은가: 약자에 대한 판결 불공정 문제
50. 우리 시대 교육은 문제없는가: 대학 서열 문제
51. 우리 시대 직업은 그 역할을 다하고 있는가: 직업 서열 문제
52. 우리 시대는 술과 정신병 문제에 대한 대처를 잘하고 있는가: 술, 정신병 문제
53. 우리 시대는 부동산 등 불로소득을 잘 징계하고 있는가: 부동산, 불로소득 문제
54. 우리 시대 종교는 타락하고 있지 않은가: 타락한 종교 문제
55. 우리 시대는 처벌에 대해 평등의 원칙을 잘 준수하는가: 공평한 벌금 문제
56. 우리 시대는 정당방위를 충분히 보장하고 있는가: 정당방위 문제

✿ 토론의 정석 2
| 고전인문철학수업 8 |

57. 우리 시대는 계층 문제를 충분히 고려하고 있는가: 계층 문제
58. 우리 시대의 제사, 결혼, 장례 문화는 적절한가: 제사, 결혼, 장례의 전통 문제
59. 우리 시대는 상속을 왜 허용하면 안 되는가: 상속 문제
60. 우리 시대는 아직 일본과의 관계를 해결하지 못하고 있는가: 일본과의 관계 문제
61. 우리 시대는 남북통일을 잘 추진하고 있는가: 남북한 통일 문제
62. 우리 시대는 한-중-일 3국 연합을 준비하고 있는가: 한-중-일 연합 문제
63. 우리 시대는 개인의 생명과 안전을 스스로 지킬 수 있는가: 총기 소지 문제
64. 우리 시대는 모두의 인권을 존중해야 하는가: 인권과 사형 문제

✿ 논술의 정석 1
| 고전인문철학수업 9 |

65. 인간과 문화에 대하여: 비교와 추론
66. 인간과 환경에 대하여: 추론과 비판
67. 인간과 문학에 대하여: 비교와 평가
68. 인간과 예술에 대하여: 비교와 관점
69. 인간과 리더에 대하여: 분류와 평가
70. 인간과 평등에 대하여: 비교와 비판
71. 인간과 문명에 대하여: 비교와 대안
72. 인간과 운명에 대하여: 활용과 평가

✿ 논술의 정석 2
| 고전인문철학수업 10 |

73. 인간과 평화에 대하여: 비교와 추론
74. 인간과 기계에 대하여: 비교와 설명
75. 인간과 성취에 대하여: 비교와 평가
76. 인간과 정직에 대하여: 차이와 해석
77. 인간과 공정에 대하여: 핵심과 전개
78. 인간과 사회에 대하여: 추론과 근거
79. 인간과 빈곤에 대하여: 옹호와 비판
80. 인간과 존엄에 대하여: 서술과 한계

✿ 논술의 정석 3
| 고전인문철학수업 11 |

81. 인간과 합리에 대하여: 분류와 추론
82. 인간과 실존에 대하여: 적용과 해석
83. 인간과 발전에 대하여: 분석과 견해
84. 인간과 윤리에 대하여: 논점과 비판
85. 인간과 소외에 대하여: 해석과 대안
86. 인간과 대안에 대하여: 분석과 타당
87. 인간과 신뢰에 대하여: 평가와 추론
88. 인간과 정의에 대하여: 분류와 요약

✿ 창작의 정석 1
| 고전인문철학수업 12 |

89. 명예로움에 대하여: 수필
90. 숭고함에 대하여: 수필
91. 자기 세계에 대하여: 수필
92. 방향(芳香)에 대하여: 수필
93. 가난함에 대하여: 논설
94. 강함에 대하여: 논설
95. 오류에 대하여: 논설
96. 기다림에 대하여: 논설

✿ **창작의 정석 2**
| 고전인문철학수업 13 |

97. 바라지 않음에 대하여: 우화/동화/시
98. 어리석음에 대하여: 우화/동화/시
99. 우울함에 대하여: 우화/동화/시
100. 무아(無我)에 대하여: 우화/동화/시
101. 감성에 대하여: 소설/극본
102. 의지에 대하여: 소설/극본
103. 거짓에 대하여: 소설/극본
104. 진리에 대하여: 소설/극본

토론의 정석 1